电商客户服务与数据化管理

主 编	周　敏	李海铭	欧阳晓波
副主编	方丰霞	傅婷婷	黄燕燕
	付　磊	段雨南	陈丽清
参编人员	胡　奇	周丝梦	邹　瑞
	刘春花	潘少君	

北京理工大学出版社

BEIJING INSTITUTE OF TECHNOLOGY PRESS

内 容 提 要

本书以提升读者对电商客服的岗位认知和电商客服的职业技能为目标，参照新的行业数据，结合企业真实案例，系统地阐述了网店客服的工作内容以及做好客服工作的方法与技巧，旨在为电商从业人员提供实用的客服工作指导，帮助其快速适应岗位需求，轻松搞定各种客服工作中遇到的难题。

本书根据电商客服职业岗位和职业能力的要求，构建了以电商客服岗位流程为导向的七大教学项目：认识电商客服岗位、熟练运用电商客服工具、熟悉电商客服规则、分析产品与客户、设计售前话术、设计售后话术、客服数据化管理。同时，本书根据企业对电商客服素质和能力的要求，以及本课程在专业课程体系中的地位和作用，对教学内容进行了整合。每个项目都按照典型职业活动的工作任务流程，通过课前讲解知识、课中实操训练、课后案例拓展的方式对电商客服进行全方位讲解。

本书可以作为本科院校、职业院校电子商务、市场营销、工商企业管理、国际商务等专业的学生用书，也可作为电子商务从业人员的参考用书。

图书在版编目（CIP）数据

电商客户服务与数据化管理／周敏，李海铭，欧阳晓波主编. -- 北京：北京理工大学出版社，2024.5
　　ISBN 978-7-5763-4085-3

　　Ⅰ.①电…　Ⅱ.①周…②李…③欧…　Ⅲ.①电子商务-商业服务　Ⅳ.①F713.36

　　中国国家版本馆 CIP 数据核字（2024）第 105999 号

责任编辑：申玉琴		**文案编辑**：申玉琴	
责任校对：周瑞红		**责任印制**：施胜娟	

出版发行 ／ 北京理工大学出版社有限责任公司
社　　址 ／ 北京市丰台区四合庄路 6 号
邮　　编 ／ 100070
电　　话 ／ （010）68914026（教材售后服务热线）
　　　　　　　（010）68944437（课件资源服务热线）
网　　址 ／ http://www.bitpress.com.cn

版印次 ／ 2024 年 5 月第 1 版第 1 次印刷
印　刷 ／ 涿州市新华印刷有限公司
开　本 ／ 787 mm×1092 mm　1/16
印　张 ／ 12
字　数 ／ 175 千字
定　价 ／ 66.00 元

党的二十大报告指出："教育、科技、人才是全面建设社会主义现代化国家的基础性、战略性支撑。必须坚持科技是第一生产力、人才是第一资源、创新是第一动力，深入实施科教兴国战略、人才强国战略、创新驱动发展战略，开辟发展新领域新赛道，不断塑造发展新动能新优势。"这为推动当下和未来一段时间内我国科教及人才事业的发展、构建人才培养体系指明了基本方向。

电商客服这一职业随着网络购物的发展应运而生，是以服务客户为价值导向的活动。随着我国电子商务的迅速发展，不仅创造了新的消费要求，还对客服工作提出了更高的要求。卖家也开始意识到客服在接待客户、跟踪订单、售后服务中所起到的重要作用，认识到客服工作是网店运营过程中重要的一环。客服是网店可持续发展的竞争力，因为网店不仅仅出售商品，还包括伴随商品提供的服务。

编者全面深入了解了电商客服的工作现状及典型职业活动、工作任务、岗位要求，以培养电商客服人才为目标任务，优化了电商客服岗位的知识点和技能点，致力于打造一本培养客户服务理念，训练客户服务与数据化管理技巧，提升客户服务团队合作意识、创新意识的图书。希望本书能帮助读者更好地理解和掌握电商客户服务和数据化管理的相关知识。

本书编写特色有以下几点。

1. 采用活页式结构，项目独立完整

本书在形式上采用活页式结构，符合国家教材改革的要求，是新时代新形态教材的典型代表。

本书项目按照新媒体电商的典型职业活动撰写，读者可以系统地学习本书的全部内容，也可以选择某个项目单独学习。本书分为课前、课中、课后三个模块，读者可以自由组合想学习的内容，如将"课前自学"和"课前自测"部分组合起来就是本书的知识梳理及自我测试；将"课中实训"部分组合起来就是一本实训指导手册，结合"项目评价"可以进一步检测学生对相关知识的掌握情况；将"课后拓展"和"素养提升"部分组合起来就是一本案例集。

2. 校企合作，强化应用

本书实训环节根据湖北几何体电子商务有限公司和苏州易康萌思电子商务有限公司的真实案例改编而成。真实的案例呈现，可以让读者体验到真实的企业情景，从而使读者更清晰、更系统地进行学习。

3. 校校联合编写，综合优质资源

本书是由湄洲湾职业技术学院、黄冈科技职业学院、湖北国土资源职业学院、荆州职业技术学院、宜春职业技术学院五所院校联合编写的一本新形态一体化教材。本书综合了五所院校的优质教学资源和成果，将学科前沿知识的创造和积累活化成专业知识架构，将学科的专业实践教学资源转化为教材资源，构建了本书的编写结构。

4. 板块新颖，提升素养

本书在板块设计上努力做到将"学思用贯通"与"知信行统一"相结合，在课后拓展部分专门设置了"素养提升"模块，案例不仅能开阔学生眼界，还能激发学生的家国情怀和责任意识。

在本书的编写过程中，参考了多位学者的著作，也参考了许多同行的相关教材和案例资料，在此对他们表示衷心的感谢！尽管我们在编写过程中力求准确、完善，但难免有不妥之处，敬请读者批评指正。

目　录

认识电商客服岗位

项目导入

2021年，我国化妆品零售额首次突破4 000亿元，同比增长14%，但增长主要集中在上半年，且环比增速逐渐下降，下半年同比增速只有个位数，且在8月首次出现零增长。受美妆行业需求增速放缓、流量见顶红利消失、化妆品新规落地等影响，2022年国内美妆行业面临着挑战。

随着美妆线上流量红利消退，买家不仅仅关心价格是否优惠，更多开始关心购买体验，对线上服务的要求也越来越高。可见，影响买家是否购买的主要因素就是服务质量的好坏。

本项目将深入介绍电商客服、电商客服的岗位职责与能力要求、电商客服岗位与其他岗位之间的关系等方面的知识。

教学目标

☞知识目标

1. 了解电商客服的定义；

2. 说明电商客服的重要性；

3. 熟悉电商客服的岗位职责及能力要求；

4. 正确分析电商客服岗位与其他岗位的关系。

☞ 能力目标

能够制作电商客服的招聘简章。

☞ 素质目标

1. 培养良好的交流沟通能力；

2. 培养团队协作精神；

3. 培养独立思考的能力。

—————— 课前自学 ——————

认识电商客服

1. 什么是电商客服

电商客服，顾名思义就是以服务为主的一种工作或为客户服务的工作人员。电商客服人员是连接店铺与客户的一座桥梁，他们的一言一行代表着店铺给客户的第一印象，所以，每一个电商客服人员都需要有较强的服务意识，拥有较好的服务态度。

2. 电商客服的重要性

（1）塑造店铺形象

客服用良好的服务态度和及时的反馈沟通能够在客户心中逐步树立起店铺的良好形象。

（2）提高成交率

如果客服能及时回复客户的疑问，可以让客户及时获得需要的信息，从而提高成交率。

（3）提高客户回头率

买家可以通过客服了解卖家的服务态度。优秀的服务体验会给买家留下好的印象，当买家需要再次购买物品的时候，就会倾向于熟悉的卖家，从而提高店铺的客户回头率。

（4）更好地服务客户

客服需要热情、细心、耐心，需要一个好的服务态度。买家都希望被尊重，希望每一次提问都能得到响应，对产品的各种疑问能得到满意的解答，遇到的售后问题能得到及时妥善的处理。优质的客服能满足买家在这些方面的需求。

3. 电商客服岗位职责及能力要求

（1）岗位职责

① 收集产品信息，了解并分析客户的需求，规划客户服务方案。

② 熟悉所售产品的特征和优点，准确、简洁、高效、友好地回复客户购买商品时提出的各种问题，同时引导客户完成购买。

③ 及时且正确地备注客户信息，并确保第一时间告知仓库打单人员，避免发错货物。

④ 第一时间在后台妥善修改客户要求修改的信息或商品。

⑤ 及时处理客户的投诉和意见，对有用的建议进行整理和归纳。

⑥ 能够与其他岗位进行沟通与协调，优化客户体验。

（2）能力要求

① 具备良好的文字表达能力，使用规范用语，多使用"您"或者"咱们"这样的字眼，让顾客感觉客服在全心全意地为他考虑问题。

② 具备处理问题、安排进展、跟进进程、沟通及解决疑难问题的意识和能力，最大限度地提高客户满意度。

③ 具备语言沟通技巧和谈判技巧。优秀的客服还应具备高超的语言沟通技巧及谈判技巧。

④ 具备丰富的专业知识。对于店铺经营的产品具有一定的专业知识，能够准确地介绍产品。

⑤ 具备自我掌控、调节情绪的能力。面对不同的客户要求，客服都应以一个良好的心态热情地进行沟通；当不良情绪出现时，也应及时进行自我调节。

4. 电商客服岗位与其他岗位的关系

博学多闻

客服与其他岗位的沟通

买家：你好，现在我有一个问题，我要退款。

电商客服：很抱歉给您造成了困扰，您方便说一下现在遇到的问题吗？我们会第一时间给您解决这个问题的。

买家：我的快递师傅没有给我送快递，我在你们家买的空调没有送货上门，我想要退款。

　　　　电商客服：这个我帮您打电话问下派送的师傅是什么情况，您稍等一下。

　　　　电商客服咨询完快递，快递师傅表示：买家在七楼，无法进行派送，如要派送则需要加收费用。售前客服便将此问题转接到售后客服进行处理，售后客服接到此订单后，开始和运营申请赔付，预计赔付在 70 元。售后客服在运营得到权限的情况下，最终以 60 元赔付的金额通过支付宝转账给快递师傅，最终完成了该笔售后订单，客户并没有退款。

　　客服是店铺中唯一一个直接与客户产生交流的岗位，代表了整个店铺的对外形象。但是客户的购买行为及购物体验并不完全取决于客服，其他岗位的工作也可能对客户的购物体验产生影响。这就需要店铺各个岗位的人员协同合作，为向客户提供优质的购物体验而共同努力。

　　（1）售前客服与售后客服

　　客户的购物体验很大程度上受到售前客服和售后客服的配合与协作的影响。

　　（2）客服与运营

　　客服这一岗位不仅有销售和服务功能，还为全店的运营服务。

　　（3）客服与推广、活动

　　店铺中负责引流的是推广和活动岗位，客服岗位则负责流量的询单转化，客服岗位和推广、活动岗位之间有着千丝万缕的联系。客服转化在一定程度上可以反映出流量的精准程度，也能反映出活动的设置是否合理、是否易于操作、是否有助于提升客户的购物体验。

　　（4）客服与美工

　　客服和美工需要相互沟通和交流。例如，客服需要和客户解释由于光线或者显示器参数不同，无法保证商品的实物与展示图没有色差。若某件商品被多次提及图片色差严重，客服就需要和美工反馈，美工需要检查图片是否真有严重色差，并判断能否调整。如不能调整，客服需要如实向客户反映商品问题。

　　（5）客服与仓储

　　客服和仓储需要相互沟通。客户下单后，店铺商品将由仓储人员进行打包、发货，如客户对订单有特殊需求，客服需要和仓储人员进行沟通。当出现缺货、少货、延迟发货的情况时，客服也要与仓储人员及时沟通，确认信息，及时帮助客户解决问题。

（6）客服与快递

快递是店铺与客户之间的纽带，快递的效率会直接影响到客户的购物体验，所以客户和快递之间出现问题时，客服需主动与快递取得联系，积极帮助客户解决问题。同时，客服也需要协调客户和快递之间的关系，尽量避免双方产生矛盾。

───────────────── 课前自测 ─────────────────

一、单选题

1. 买家收到货后觉得不满意，要求退货，客服此时应该怎么处理？（　　　）

A. 以无质量问题回绝顾客

B. 要求顾客承担寄出运费

C. 要求顾客承担来回运费

D. 告知顾客需保证产品不影响二次销售才能办理退货

2. 在处理售后纠纷时，话术技巧是很重要的，在与顾客交流时，客服不能说的话有_____。（　　　）

A. 这个不属于我们的问题，我们不能负责

B. 亲的货被快递公司遗失了，请找快递公司索赔

C. 你没填退货的快递单号，导致退款速度慢，这不是我们的错

D. 以上全部都是

3. 买家收到货觉得衣服颜色不喜欢，要求退货，客服此时应该怎么处理？（　　　）

A. 同意顾客的退货要求

B. 要求顾客承担寄出运费

C. 告知顾客需保证产品不影响二次销售才能办理退货

D. 要求顾客承担寄回运费

4. 针对恶意评价，客服要对评价做好解释的原因是_____。（　　　）

A. 证明此评价为恶意评价，避免影响该产品销售

B. 可以提高店铺好评率

C. 可以让小二知道是非黑白

D. 可以屏蔽恶意评价

二、多选题

1. 客户的敏感信息包括_____。（　　　）

A. 收件人的姓名　　　　　　　　　　B. 收件详细地址

C. 收件人电话　　　　　　　　　　D. 卖家的店铺名称

2. 客户在网上购物担心商品是假冒产品时，客服应该如何解释？（　　）

A. 如果怀疑就不要买

B. 我们是厂家授权店，确保是真品

C. 我们是保证正品的，接受专柜验货，假一赔十

D. 您可以看一下店铺中产品的购买记录和评论再放心购买

3. 小林是一家化妆品淘宝店铺的客服，经常会有顾客询问小林店铺里售卖的产品是不是正品，小林应该如何应对来打消顾客的这种顾虑呢？（　　）

A. 我们店铺是以公司名义开设的，工商局有备案，销售产品均为全国销售规模前十的化妆品代理机构直接供应的正品，您可以放心购买的

B. 反问：您也许是第一次来我家吧？我们是最早的假一赔三认证店铺，是最早的美妆卖家哦，商品您可以放心的

C. 自动回复：亲，全店商品都是正品，如假包换，关于正品问题一概不做其他回复哦

D. 亲，我家的产品都是店主从国外亲自买回来的，都有小票在的，肯定是正品，支持验货哦

三、判断题

1. 客户至上、用心服务讲的是客服的岗前心态。要求客服用心为顾客服务，这一心态仅仅适用于客服，不适用于其他岗位。（　　）

2. 任何能提高客户满意度的行为都属于客户服务。（　　）

3. 客服可以从客服行为标准里了解工作中哪些事情可以做，哪些事情不可以做。（　　）

四、简答题

1. 谈一谈客服岗位与其他岗位沟通的必要性。

2. 电商客服的重要性体现在哪些方面？

———— 课中实训 ————

任务   制作电商客服的招聘简章

【任务描述】

小李正在某母婴公司参加一年一度的"双11"客服实训,由于公司正需要大量的客服专员,所以公司主管要求小李写一份电商客服专员的招聘简章送到公司人事部门。

本任务将以此为关键点,结合电商客服的岗位职责和能力要求,完成一份电商客服的招聘简章。

【任务目标】

1. 学生能够描述电商客服的岗位职责及能力要求;

2. 学生能够制作一份电商客服的招聘简章。

【任务需求】

1. PC端信息设备/手机端设备;

2. 前程无忧招聘平台:https://www.51job.com/。

【任务实施】

步骤1:打开浏览器,输入前程无忧招聘平台网址https://www.51job.com/。

步骤2:在搜索框内输入"网店客服",然后单击"搜索"图标,如图1-1所示。

步骤3:浏览并分析搜索到的网店客服的招聘信息,如图1-2所示。

步骤4:公司提供的招聘信息如图1-3所示,根据这一信息及在招聘平台搜索到的相关信息,结合电商客服的岗位职责及能力要求,设计一份电商客服的招聘简章,填入表1-1中。

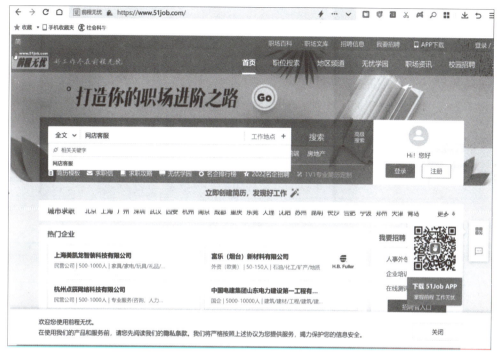

图 1-1　在前程无忧招聘平台搜索 "网店客服"

图 1-2　搜索到的网店客服招聘信息

公司提供的信息

1.岗位名称：客服专员
2.薪资待遇：基本工资+提成+满勤，4K~7K
3.社会保险：按国家规定购买五险
4.企业福利：节假日发放节日礼品或礼金
5.公司简介：

　　××有限公司始创于2000年，是一家大型母婴用品生产经营公司，位于广东省佛山市南海区，环境优雅，空气清新。公司秉承"服务中国育儿生活，传递美好育儿感动"的理念，在多年的产品生产和销售过程中，产品质量一直获得良好口碑。

图1-3　公司提供的招聘信息

表1-1　电商客服招聘简章

××有限公司电商客服招聘简章

项目评价

学生自评表

技能评价				
序号	技能点	达标要求	学生自评	
			达标	未达标
1	制作电商客服的招聘简章	（1）能对网络搜索的电商客服岗位招聘信息进行分析； （2）思路清晰，写作规范； （3）能准确写出电商客服的岗位职责及能力要求； （4）招聘简章的各要素齐全		

素质评价				
序号	素质点	达标要求	学生自评	
			达标	未达标
1	良好的交流沟通能力	（1）具备一定的语言表达能力； （2）能与小组成员正常交流、沟通		
2	团队协作能力	（1）具有一定的团队意识； （2）能与小组成员协作完成项目		
3	独立思考能力	遇到问题能够独立思考与分析，并找到问题的解决办法		

教师评价表

技能评价				
序号	技能点	达标要求	教师评价	
			达标	未达标
1	制作电商客服的招聘简章	（1）能对网络搜索的电商客服岗位招聘信息进行分析； （2）思路清晰，写作规范； （3）能准确写出电商客服的岗位职责及能力要求； （4）招聘简章的各要素齐全		

素质评价				
序号	素质点	达标要求	教师评价	
			达标	未达标
1	良好的交流沟通能力	（1）具备一定的语言表达能力； （2）能与小组成员正常交流、沟通		
2	团队协作能力	（1）具有一定的团队意识； （2）能与小组成员协作完成项目		
3	独立思考能力	遇到问题能够独立思考与分析，并找到问题的解决办法		

--- 课后拓展 ---

购买保温杯

顾客：您好，我对比了一下其他品牌的保温杯，感觉您这边的保温杯略贵啊，能便宜点吗？

客服 B：亲，您购买的这款是×××品牌的保温杯，我们是绝对保证正品的哦！同时，这也是一款大容量的保温杯，上班、旅游、家用、车载都是通用的！最关键的是它还具备顺滑杯口、抗菌内胆、舒适手感和耐磨杯底这些优点，性价比绝对是最高的。一分钱一分货，真的是物有所值的哦！

顾客：可是真的蛮贵的，那您这边能送个小礼物之类的吗？

客服 B：亲，您可以先购买一款使用一下，如果感觉很好，您可以推荐朋友来买的哦，下次您再购买，这边是可以给您赠送一个小礼物的哦！

顾客：那好吧。

[想一想]

上述案例中，客服 B 这一订单成功的原因是什么？

素养提升

"海狐海淘"被指久未发货，客服态度敷衍，不讲信用并推脱

2021年，国内知名网络消费纠纷调解平台"电诉宝"（315.100EC.CN）接到用户投诉，称杭州魅狐网络技术有限公司旗下"海狐海淘"久未发货，客服态度敷衍并推脱。

2021年9月27日，湖北省的赵女士向"电诉宝"投诉称自己于当年8月16日在"海狐海淘"下单了浪琴心月女表，货款将近8 000元，客服表示已经下单成功，下单页面承诺10 ~20个工作日发货，客服也表示将在10 ~20个工作日内发货，但是至今未发货。赵女士多次与客服沟通，沟通期间商品页面均显示所购商品有货，赵女士认为客服态度敷衍并推脱。

接到该投诉后，"电诉宝"第一时间将投诉案件移交该平台相关工作人员督办妥善处理，对此，"海狐海淘"工作人员向"电诉宝"发来反馈称：关于您反馈的问题，我方工作人员会在两个工作日内联系您协商处理，关于包裹清关延迟的问题，我们也在联系转运公司和海关协商确认中。

二十大报告提到要构建高水平社会主义市场经济体制，完善产权保护、市场准入、公平竞争、社会信用等市场经济基础制度，优化营商环境。这一要求一方面说明了社会信用对市场经济体制的重要性，另一方面也说明了社会诚信对构建新发展格局、推进高质量发展的重要性。作为电商行业，讲信用是行业基本要求，作为电商客服，诚信更是基本的素质要求。

（资料来源：雪球网 https://xueqiu.com/4700839113/199664246）

阅读上面案例，思考以下问题。

1. 电商客服岗位的工作人员应树立怎样的职业观？

2. 如果你是电商客服工作人员，碰到这种情况你应该怎样处理？

总结反思

熟练运用电商客服工具

项目导入

一般来说，大型网购平台都会为入驻的网店提供高效的店铺管理工具，例如淘宝网的千牛工作台、京东商城的咚咚工作台和苏宁易购的苏宁云信等。客户服务是网店运营的重要工作内容，上述工作台均为商家提供了功能强大的客服辅助工具。除这些辅助工具外，网购平台后台的部分功能也需要客服熟练掌握，这是客服完成日常工作的重要基础。

本项目以淘宝网和千牛工作台为例，深入介绍千牛工作台接待中心模块、千牛工作台的转接、修改地址、价格修改、打标、备注、设置快捷短语和自动回复、设置店小蜜机器人自动回复和搜狗输入法快捷设置等方面的知识。

教学目标

☞知识目标

1. 掌握千牛工作台的下载方法；

2. 熟悉千牛工作台接待中心界面的基本功能；

3. 掌握千牛工作台转接、地址修改、价格修改、打标、备注的操作方法；

4. 掌握千牛工作台设置快捷短语和自动回复的方法；

5. 掌握千牛工作台中店小蜜机器人自动回复的设置方法；

6. 掌握搜狗输入法快捷设置的方法。

☞能力目标

1. 能正确下载PC端和无线端千牛工作台；

2. 能使用千牛工作台对订单进行转接、地址修改、价格修改、打标、备注；

3. 能使用千牛工作台正确设置快捷短语和自动回复；

4. 能正确设置搜狗输入法的快捷方式。

☞素质目标

1. 提高学生利用网络资源自学相关知识的能力；

2. 培养学生良好的信息素养和学习能力，能够运用正确的方法和技巧掌握新知识、新技能。

一、下载安装千牛工作台并描述其接待中心模块功能

千牛工作台是供卖家使用的工作台，由阿里巴巴集团官方出品，淘宝卖家和天猫商家均可使用。千牛工作台的常用功能包括商品管理、店铺管理、交易中心、营销中心、其他等五部分。其中，商品管理包括发布宝贝、商品装修、商品素材、图片空间等功能；店铺管理包括店铺装修、店铺体验、子账号管理等功能；交易中心可以显示已卖出的宝贝，还包括退款、评价、物流管理等功能；营销中心是营销活动、营销管理系统；"其他"则主要包括推广、用户、客服三个入口。

千牛工作台目前有电脑版和手机版两个版本。

1. 下载并安装电脑版千牛

步骤 1：在浏览器中搜索"千牛工作台"，单击官网链接，打开千牛官网后，找到右上角的"下载千牛"，单击，如图 2-1 所示。

图 2-1　单击"下载千牛"按钮

步骤 2：根据电脑的操作系统选择 Windows 版（微软系统）或者 Mac Beta 版（苹果系统），并单击"立即下载"，如图 2-2 所示。

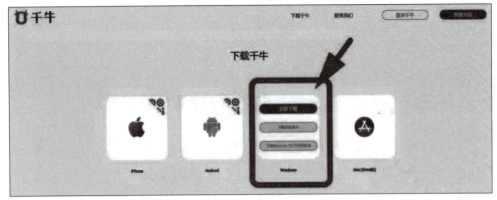

图 2-2　单击"立即下载"按钮

步骤 3：千牛工作台客户端的安装程序下载完成后，根据提示将其安装到电脑中即可。双击千牛工作台的图标运行千牛工作台，可以使用淘宝账号登录，也可以用千牛工作台的手机端 App 扫码登录，如图 2-3 和图 2-4 所示，就可以进入电脑版千牛工作台了。

图 2-3　使用淘宝账号登录千牛工作台

2. 下载并安装手机版千牛工作台

在手机应用市场搜索"千牛"并下载，按流程安装即可。

图 2-4　使用千牛工作台手机端 App 扫码登录

3. 千牛工作台接待中心界面

进入电脑版千牛工作台的主界面后，可以看到客服人员与买家进行沟通的"接待中心"（旺旺）在界面右上角，如图 2-5 所示。单击"接待中心"图标可进入接待中心主界面，客服人员主要在这里完成接待买家的工作，如图 2-6 所示。

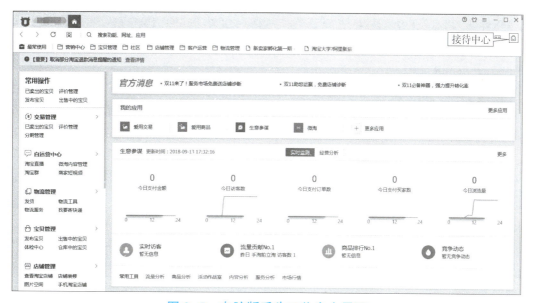

图 2-5　电脑版千牛工作台主界面

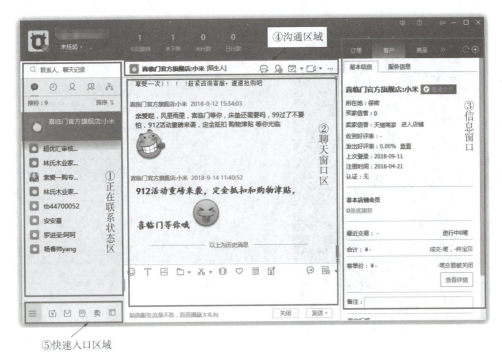

图 2-6　接待中心主界面

二、使用千牛工作台进行转接、地址修改、价格修改、打标、备注等

1. 转接

当售前客服遇到无法处理的售后问题时，会将此订单转移给团队成员中的售后客服，让售后客服帮忙处理，操作方法如图 2-7 所示。

图 2-7　千牛工作台接待中心的转接功能

2. 修改地址、价格

（1）修改地址

客户下单付款后，售前客服一般会向客户核对地址，当客户发现收货地址填写错误，会要求修改收货地址。目前，千牛工作台可以为客户提供自助修改地址服务。

客户自助修改地址时，需要将正确的地址信息提交给订购的第三方打单软件，操作步骤如下。

① 操作路径：千牛工作台卖家中心→首页→交易管理→改地址服务，如图 2-8 所示。

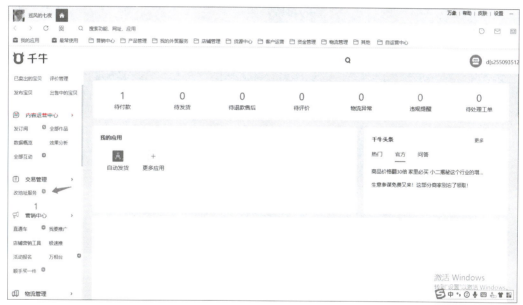

图 2-8　千牛工作台接待中心改地址服务

② 选择第三方工具，商家需要提前订购第三方打单软件，如易打单，并开通"第三方工具"服务，如图 2-9 所示。

③ 第三方打单软件开通成功后，即可支持卖家在订单列表中自助修改地址，如图 2-10 所示。

④ 买家修改地址入口：订单列表→订单详情页，买家可在订单详情页的收件地址处单击"修改"，向商家发出修改地址的申请，如图 2-11 所示。

⑤ 买家成功修改地址后，商家后台或者对应的第三方工具就会自动同步订单的最新地址。新地址会在买家提交的修改申请通过后展示，如图 2-12 所示。

图 2-9 千牛工作台接待中心设置"第三方工具"

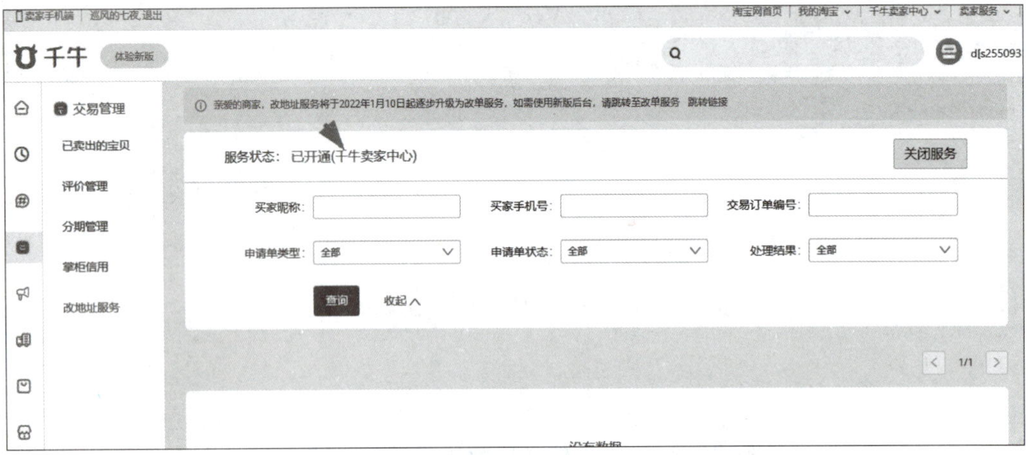

图 2-10 千牛接待中心改地址操作界面

图 2-11 买家修改地址

图 2-12　千牛工作台成功修改地址

（2）修改价格

讨价还价是客服经常遇到的场景，当客服需要对买家做出让利时，可以让买家先拍下商品（提交订单但不付款），接着在接待中心打开与该买家的对话框，选择页面左侧的"订单"，在"未完成"订单中查找该订单，然后单击"改价"按钮，进入改价页面，如图 2-13 所示。

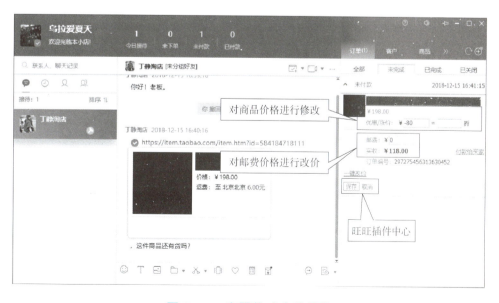

图 2-13　客服修改商品价格

3. 打标

（1）为什么要给客户打标

客服在交易的过程中，或者在和客户第一次产生联系的时候能否让客户留下印记是至关重要的，所以，作为淘宝客服人员来说，当有客户进店询问时，是否想过以下几个问题。

① 他/她是谁？

② 他/她好说话吗？

③ 他/她以前在店内消费过吗？消费多少？

④ 他/她是我们的会员吗？

⑤ 他/她喜欢晒图吗？

⑥ 他/她对价格敏感吗？

一个优秀的客服，不仅仅要在询单转化率、服务态度、响应速度上做到优秀，更重要的是要去思考顾客是个什么样的人，顾客在想什么，如何让顾客记住我（个人或者品牌印象）。

（2）如何给顾客打标

为了在接到顾客询单时，客服人员能更好更快地在大脑中形成客户画像，从而判断自己应该使用的话术和营销策划，必须从多维度来设计客户标签。在这里，客服要注意两点。

① 我们可以看到哪些信息？

② 我们要注意哪些信息？

根据分析，再给客户打标。

① 客户的职业是什么？

② 该客户是否是活跃的会员？

③ 该客户是哪个层级的会员？

（3）标签的分类

一般来说，标签分为属性标签、行为标签和价值标签三类。

属性标签：就是对于一个对象本身的刻画。

行为标签：对行为规范和个人修养方面的体会可以设置为行为标签。

价值标签：由于客户对商品价值的理解不同，会形成不同的价格限度，客服可以根据客户对商品价格的限度为其设置价格标签。

　　综上，客服为客户打标是为了更好更快地与客户沟通，从而促成销售或二次回顾。客服在给客户打标时，可以用不同的颜色标签对不同客户进行区分，如图 2-14 所示。在给客户打好标签后，还可以填写标签相应的备注，如图 2-15 所示。

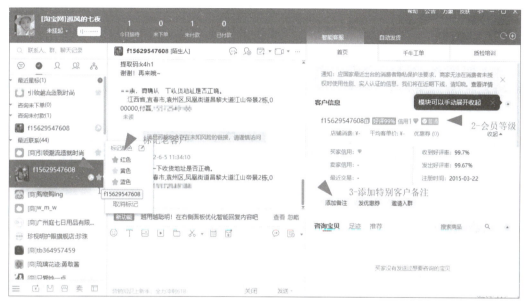

图 2-14　客服为客户打标

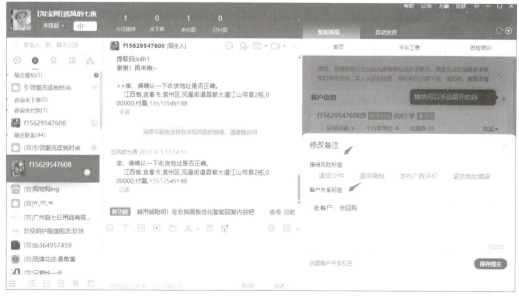

图 2-15　客服为客户打标并填写备注

4. 备注

客服接到订单后要根据客户的要求做相应备注。为了让备注更加清晰明朗，也让其他客服看懂备注，便于客服间的相互配合和实行，用不同颜色的旗子做标记备注。红色的旗子代表买家售后未处理，黄色的旗子代表买家售后已处理，绿色的旗子代表已经付款等待发货，蓝色的旗子代表买家要求退换货。

为订单做备注的操作步骤为：在千牛工作台界面打开聊天窗口，在聊天窗口右边选择"订单"选项，再单击右下角的"备注"按钮，然后在弹出的小窗口中，写上需要备注的文字，选择与订单状态相符的旗子，完成备注后，单击"保存"按钮，如图 2-16 所示。

图 2-16　客服为客户的订单做备注

三、完成千牛工作台中快捷短语与自动回复短语的编辑与设置

1. 设置快捷短语

千牛工作台聊天框的分隔栏上的按钮一般是客服与买家进行交流时最常用的辅助工具。这些按钮从左至右依次为"选择表情""设置字体""发送图片""发送文件""截取屏幕""发送震屏""提醒客户评价""计算器""发红包"，最右

侧是"快捷短语"和"查看消息记录"的功能按钮，如图 2-17 所示。

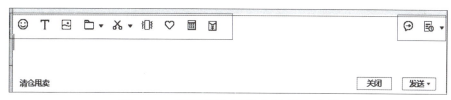

图 2-17　聊天框分隔栏上的常用功能

快捷短语可以提高客服人员的工作效率、减少出错、缩短买家的等待时长等。因此，客服人员需要在上岗前按照店铺要求统一设置快捷短语，如图 2-18 所示。

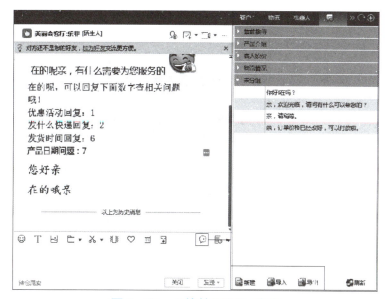

图 2-18　"快捷短语"功能

2. 设置自动回复

当客服由于各种原因暂时不在计算机旁边而无法及时回复买家问题时，可以设置自动回复，让买家知道店铺客服暂时离开。自动回复也可以将买家可能问到的问题逐一列入，或者将店铺最近参加的活动或主推的产品链接放入自动回复中。设置自动回复可以及时回复客户，防止客户流失。

步骤 1：打开千牛工作台的系统设置，选中"接待设置"，然后选择"自动回复"选项，如图 2-19 所示。

步骤 2："自动回复"界面中既可以添加用于自动回复的短语，也可以设置使用自动回复的场景，如图 2-20 和图 2-21 所示。

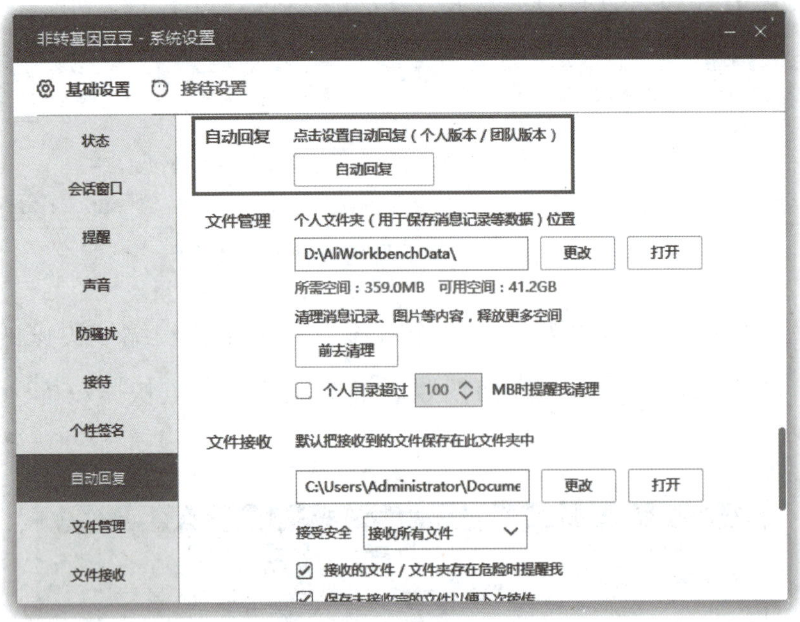

图 2-19　自动回复设置

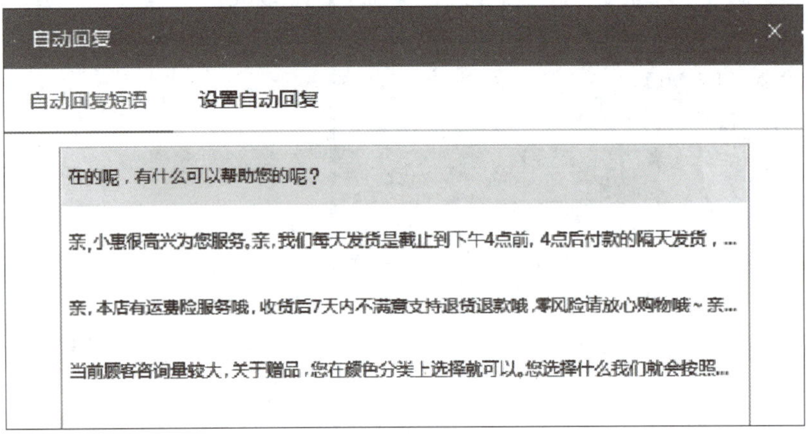

图 2-20　用于自动回复内容

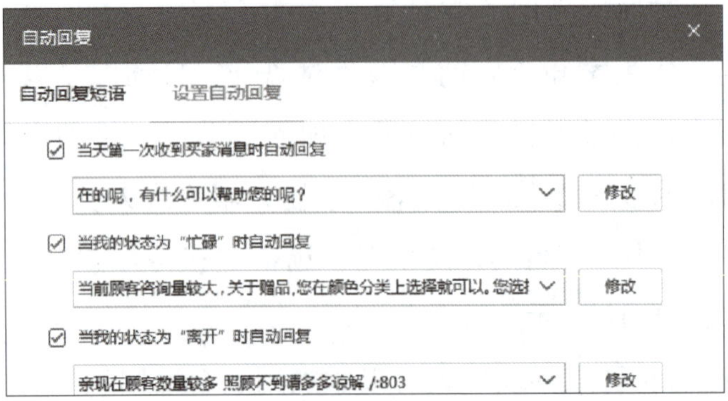

图 2-21　设置使用自动回复的场景

四、完成店小蜜设置机器人自动回复

1. 店小蜜设置机器人自动回复

步骤1：单击千牛工作台界面右上角的选项"设置"，从默认的"基础设置"切换至"接待设置"，选择"自动回复"按钮，如图2-22所示。

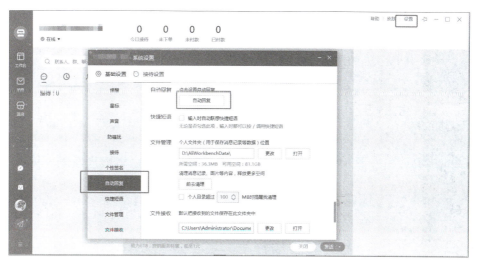

图 2-22　系统设置自动回复

步骤2：进入千牛工作台的客户服务界面，单击"千牛店小蜜"右侧的小箭头，选择"全自动机器人"选项，如图2-23所示。

图 2-23　客户服务界面

步骤3：单击阿里店小蜜页面左侧的"问答管理"，在下拉的子选项中选择"常见问答配置"选项，设置常见问题的答案；也可以单击"自定义问答配置"选项，设置问题和答案；此外，还能根据买家问题中的关键字设置关键字回复，如图2-24所示。

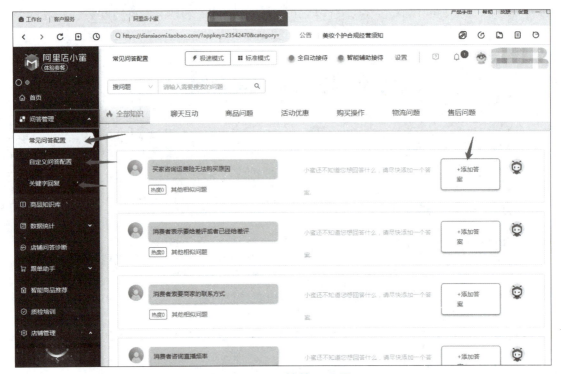

图 2-24　问答管理设置

五、搜狗输入法的快捷输入设置

步骤1：在电脑桌面右下角的任务栏中找到搜狗输入法的图标，右键单击图标打开搜狗输入法的菜单，单击"属性设置"图标，进入设置界面，如图2-25所示。

步骤2：搜狗输入法"属性设置"中的"常用"选项，可以调整输入法的一些默认设置，如图2-26所示。

步骤3：在"属性设置"界面找到"高级"选项并单击，在"快捷键"设置区域，便可以对想要改变的快捷键进行设置。如图2-27所示。

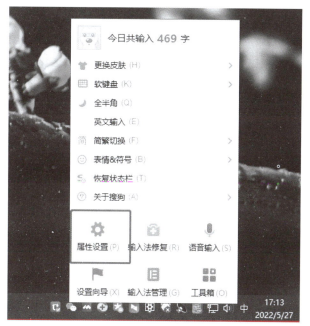

图 2-25　菜单栏中的搜狗输入法

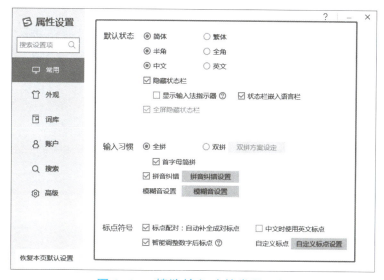

图 2-26　搜狗输入法的常用设置

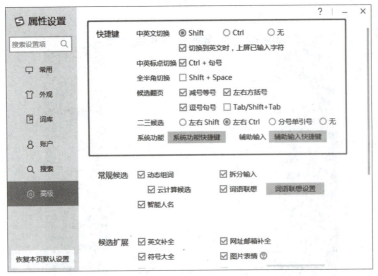

图 2-27　搜狗输入法的高级设置

课前自测

一、单选题

1. "评价管理"属于淘宝卖家后台的_____功能模块。（　　）

A. 物流管理　　　　　　　　　　B. 宝贝管理

C. 交易管理　　　　　　　　　　D. 店铺管理

2. 买家的旺旺经常会收到一些广告刷单等骚扰信息，我们可以通过_____来有效拦截这些骚扰信息。（　　）

A. 安全设置　　　　　　　　　　B. 客服设置

C. 个性设置　　　　　　　　　　D. 聊天设置

3. 千牛工作台的"店铺成交额"模块中，默认显示且不能自主添加、删除的功能是_____。（　　）

A. 昨日成交额　　　　　　　　　B. 昨日 PC 成交额

C. 今日无线成交额　　　　　　　D. 昨日无线成交额

4. 如要使用千牛工作台的话术，正确的操作应该是_____。（　　）

A. /+快捷短语编码　　　　　　　B. 直接输入千牛快捷短语编码

C. 在话术栏里面寻找　　　　　　D. 使用自动回复

二、多选题

1. 网络客服的工作平台有哪些？（　　）

A. QQ　　　　　　　　　　　　B. 千牛工作台

C. 电子邮件　　　　　　　　　　D. 阿里旺旺

2. 淘宝卖家中心是一个功能十分齐全的交易平台后台，包括_____等多个模块。（　　）

A. 交易管理　　　　　　　　　　B. 物流管理

C. 宝贝管理　　　　　　　　　　D. 店铺管理

3. 千牛工作台的下载方式有哪些？（　　）

A. 通过淘宝网首页的工具入口下载　　B. 利用搜索引擎搜索下载

C. 使用安全软件或软件商店下载　　　D. 通过百度搜索下载

三、判断题

1. 千牛工作台是客服人员使用的最重要的工具。　　　（　　）

2. 当同时咨询的顾客太多而我们不能及时回复顾客时，可以通过"客服设置"来进行简单的自动回复。　　　（　　）

3. 电脑版千牛工作台由三个部分组成：桌面工具条、接待中心和插件首页。

（　　）

四、简答题

1. 千牛工作台具体有哪些功能？

2. 使用"千牛"软件给商品管理带来了哪些便利？

───────── 课中实训 ─────────

任务一　下载安装千牛工作台并描述接待中心模块功能

【任务描述】

小李在担任一线客服期间，工作认真负责，获得了客户和同事的高度认同。两个月后，随着现代生活网上超市旗下的网店数量剧增，淘宝客服组进行客服副组长招聘，小李顺利通过考核并晋升为淘宝 C 店客服组副组长。在担任副组长期间，小李的工作由以沟通为主转为以管理为主，小李需熟悉千牛工作台的各项操作，包括实时查看数据、客服管理等。

虚心好学的小李在杨组长的指导下，学会了如何设置与使用千牛工作台，并能熟练操作公司的交易平台后台。

本任务将重点分析如何下载千牛工作台并正确描述千牛工作台接待中心各模块的功能。

【任务目标】

学生能够下载千牛工作台，并正确描述千牛工作台接待中心各模块的功能。

【任务需求】

1. PC 端信息设备/手机端设备；

2. 千牛工作台：https://work.taobao.com/。

【任务实施】

步骤 1：以小组为单位（3~5 人）下载并安装电脑版千牛工作台，在表 2-1 中描述千牛工作台接待中心各模块的功能。

表 2-1　千牛工作台接待中心各模块功能描述表

千牛工作台接待中心各模块功能描述
1. 正在联系状态区的功能：
2. 聊天窗口区的功能：
3. 信息窗口的功能：
4. 沟通区域的功能：
5. 快速入口区域的功能：

步骤 2：以抽签的方式，随机选择一个小组进行回答，可抽取多组。

任务二　使用千牛工作台进行转接、地址修改、价格修改、打标、备注等

【任务描述】

开一家淘宝店铺，淘宝卖家必然要用到淘宝卖家后台也就是千牛工作台，通过千牛工作台，卖家可以做好店铺的日常管理与维护。同时，卖家也可以通过千牛工作台对淘宝店铺的相关信息进行设置。现在，你作为公司新入职的客服人员，需要和前辈进行工作上的交接，首先要做的就是掌握千牛工作台的应用。

本任务将重点学习千牛工作台的各种基本功能。

【任务目标】

学生能够正确使用千牛工作台的各种基本功能。

【任务需求】

1. PC 端信息设备/手机端设备；

2. 千牛工作台：https://work.taobao.com/。

【任务实施】

将转接流程图（见图2-28）补充完整，并回答问题。

步骤1：根据图2-28，写出用电脑版千牛工作台和手机版千牛工作台转接的步骤。

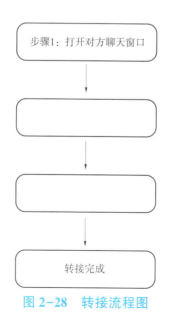

图 2-28　转接流程图

步骤2：写出如何用千牛工作台修改地址的步骤。

步骤3：卖家可以修改哪两种类型的价格，该功能在哪个模块？如何进行价格修改？

步骤4：卖家如何设置不同星标的含义，如何给买家打标？

步骤5：在添加备注这一步骤中，红、黄、绿、蓝四种颜色的旗子分别代表什么意思？并写出添加备注的操作流程。

红色旗子：

黄色旗子：

绿色旗子：

蓝色旗子：

添加备注的操作流程：

任务三　完成千牛工作台中快捷短语与自动回复短语的编辑与设置

【任务描述】

小李最近刚刚入职一家淘宝女装店，担任该店铺的客服。人家都说打字是一门技术，说话是一门艺术，服务客户时必须做到效率、效果、效益三者同时兼顾。那么，买家咨询时，小李应如何节省时间并在最快的时间内回复？鉴于此，小李正在学习千牛工作台中快捷短语与自动回复短语的编辑与设置。

本任务将以此为关键点，要求学生结合之前所学内容，以及课前自学，独立写出在千牛工作台中进行快捷短语与自动回复短语的编辑与设置的详细步骤。

【任务目标】

1. 学生能够写出在千牛工作台中进行快捷短语与自动回复短语的编辑与设置的详细步骤；

2. 学生能够写出客户咨询案例的问题所在，并提供更好的意见。

【任务需求】

1. PC端信息设备/手机端设备；

2. PC端Word文档，或者相应手机软件。

【任务实施】

步骤1：打开千牛工作台，单击千牛工作台的"团队管理"选项，根据所学知识，并参考图2-29，完成快捷短语与自动回复短语的编辑与设置。

步骤2：根据所学知识完成快捷短语与自动回复短语的编辑与设置后，单击"保存"按钮，显示"保存成功"后即可使用自动回复了。由于关联问题最多只

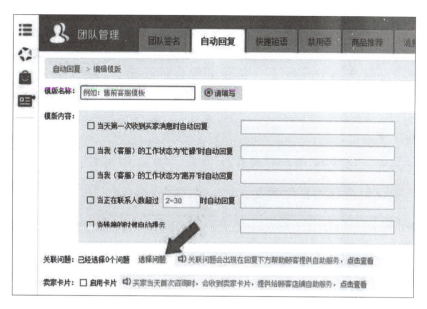

图 2-29　自动回复短语设置

能设置 10 个，所以店铺可以筛选客户最关心的高频问题，本任务中，我们设置
3~5 个关联问题即可。需注意，大促期间的自动回复和店铺平时的自动回复会
有很大的差别，所以要根据不同时期、不同活动阶段设置自动回复。如图 2-30
所示就是"双 11"活动期间常用的回复。请根据图 2-30 中设置好的问题，完成
第二个自动回复短语的设置。

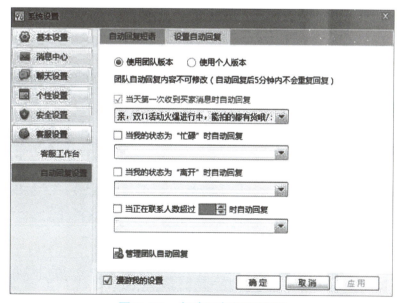

图 2-30　自动回复短语设置

任务四　完成店小蜜设置机器人自动回复

【任务描述】

"双11"活动马上要开始了，客服主管告诉小李，为了防止"双11"活动当天接待客户数太多导致应接不暇，建议小李通过店小蜜设置机器人自动回复，减轻工作量。

本任务将以此为关键点，要求学生结合之前所学内容，以及课前自学，能够通过店小蜜设置机器人自动回复。

【任务目标】

学生能够通过店小蜜设置机器人自动回复。

【任务需求】

1. PC 端信息设备/手机端设备；

2. PC 端 Word 文档，或者相应手机软件。

【任务实施】

步骤1：打开电脑版千牛工作台，在浏览器的搜索框输入"店小蜜"，单击回车键进入店小蜜工作台（见图2-31）。

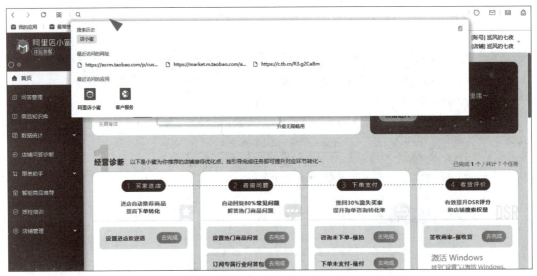

图2-31　搜索"店小蜜"并进入"店小蜜"工作台

步骤2：在店小蜜工作台中，单击"店铺管理"中的"接待设置"选项，单击工作台界面右侧的"修改"按钮（见图2-32），单击"客服分流管理"

中的"高级设置"选项，在"机器人接待分流策略"中选择"全店机器人优先接待"并保存（见图 2-33）。即开启全店机器人优先模式。

图 2-32　接待设置

图 2-33　全店机器人优先模式

步骤 3：设置店小蜜经营诊断。在店小蜜工作台首页，可以对买家进店、咨询问题、下单支付、收货评价等环节设置自动回复（见图 2-34）。

步骤 4：设置"常见问答配置"中"聊天互动"的自动回复话术（见图 2-35）。

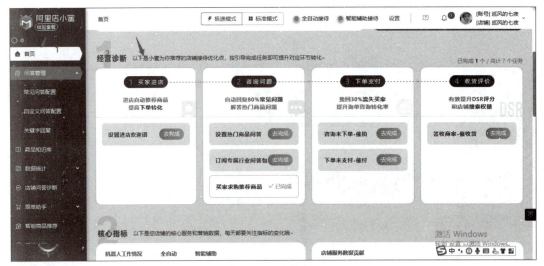

图 2-34 经营诊断

图 2-35 "聊天互动"设置

任务五 搜狗输入法的快捷输入设置

【任务描述】

小李最近入职一家淘宝女装店,担任该店铺的客服。作为电商客服,打字的速度关系着工作效率,所以小李需要一款能满足自己习惯的输入法,因此对输入法的快捷输入进行设置就显得至关重要。

本任务将以输入法的快捷输入设置为关键点,结合之前课程所学内容,以及自身的操作习惯,要求能够独立写出搜狗输入法的快捷输入设置的方法。

【任务目标】

学生能够写出对输入法进行快捷输入设置的方法。

【任务需求】

1. PC 端信息设备/手机端设备；

2. 百度搜索：https://www.baidu.com/。

【任务实施】

以搜狗输入法为例，写出输入法快捷设置的方法。

回答表 2-2 所提出的问题。

表 2-2　搜狗输入法快捷输入设置

问　题	回答
如何进行繁体、简体的切换？	
如何在输入法内切换中英文？	
如何进行输入法之间的切换？	
如何进行英文字母大小写的切换？	

 心得体会

项 目 评 价

学生自评表

技能评价				
序号	技能点	达标要求	学生自评	
			达标	未达标
1	下载千牛工作台，并正确使用千牛工作台接待中心模块功能	（1）能够成功下载千牛工作台；（2）能够正确使用千牛工作台接待中心的所有功能		
2	使用千牛工作台进行转接、地址修改、价格修改、打标、备注等	能够正确使用千牛工作台修改地址、价格等功能		
3	使用千牛工作台正确设置快捷短语和自动回复的方法	能够正确设置快捷短语和自动回复		
4	正确设置搜狗输入法的快捷方式	能够设置适应自己习惯的搜狗输入法的快捷方式		
素质评价				
序号	素质点	达标要求	学生自评	
			达标	未达标
1	利用网络资源自学相关知识的能力	（1）具备基础的电脑操作知识；（2）具备独立检索信息的能力		
2	良好的信息素养和学习能力，能够运用正确的方法和技巧掌握新知识、新技能	具备独立自主的学习能力		

教师评价表

技能评价				
序号	技能点	达标要求	教师评价	
			达标	未达标
1	下载千牛工作台，并正确使用千牛接待中心模块功能	（1）能够成功下载千牛工作台；（2）能够正确使用千牛工作台接待中心的所有功能		
2	使用千牛工作台进行转接、地址修改、价格修改、打标、备注等	能够正确使用千牛工作台修改地址、价格等功能		
3	使用千牛工作台正确设置快捷短语和自动回复	能够正确设置快捷短语和自动回复		
4	正确设置搜狗输入法的快捷方式	能够设置适应自己习惯的搜狗输入法快捷方式		
素质评价				
序号	素质点	达标要求	教师评价	
			达标	未达标
1	利用网络资源自学相关知识的能力	（1）具备基础的电脑操作知识；（2）具备独立检索信息的能力		
2	良好的信息素养和学习能力，能够运用正确的方法和技巧掌握新知识、新技能	具备独立自主的学习能力		

课后拓展

购买简易衣柜

客服：你好，我是 A，很高兴为您服务，请问有什么可以帮您的？

顾客：我想买你们公司的那个简易衣柜，请问有货吗？

客服：有货的，您可以点击购买。

顾客：大概多长时间能到？

客服：这跟内地之间的距离，以及物流公司的实际情况有关，我无法做出明确答复。

顾客：你就根据经验大概估计下，我要算算能不能来得及。

客服：因为物流公司的实际情况我们无法掌控，所以无法给您做出回答，抱歉！

顾客：你就是个死脑筋！

客服：请问你还需要别的服务吗？

顾客：晕，当然了，我还没买呢。

客服：请问您还需要什么服务？

顾客：这个衣柜是需要组装的，组装的时候会不会很麻烦？

客服：这是木制的，需要用螺丝组装。

顾客：我是问麻烦不？大概需要多长时间能装好？

客服：这要根据您个人的情况了，我也说不好。

顾客：好了好了，我不买了，你真是一问三不知。

[想一想]

上述案例中，客服 A 与顾客的对话有什么问题？客服 A 犯了哪些错误？

━━━━━━━━━━ 素养提升 ━━━━━━━━━━

冒充"快手"客服，诈骗被害人钱财

2020年7月，被告人张某通过直播间观察刷礼物比较多的人，然后以未成年人为目标广撒网，冒充"快手"App客服诈骗被害人钱财。同年7月6日，被告人张某添加了被害人康某的QQ后，冒充"快手"App客服向被害人康某谎称系统检测到其是未成年人充值刷礼物，导致其父母的银行卡被冻结，需要交付押金才能解冻，张某还恐吓被害人康某，称不交钱将被公安机关拘捕。被害人康某信以为真，通过微信扫码的方式分两次向被告人张某转账4 600元，随后该4 600元被转账至丘某的微信号，丘某将其中的3 940元转账至被告人张某的微信号，被告人张某收到上述诈骗款项后均用于个人挥霍。

花都法院审理认为，被告人张某的行为已构成诈骗罪，结合其已退赔、坦白、认罪认罚等情节，依法对其判处拘役五个月，并处罚金二千元。

作为当今的大学生，我们要积极学习反诈骗法，要主动把思想和行动统一到党的二十大精神上来，不仅自己要认识网络诈骗的危害性和严重性，还要践行，提升周边群众对网络诈骗的辨识能力和防范意识，树立正确的法治意识和消费观念。

（资料来源：https://static.nfapp.southcn.com/content/202104/13/c5104647.html）

阅读上面案例，思考以下问题。

1. 如果遇到有人冒充客服进行诈骗，我们应该如何处理？

2. 客服岗位的工作人员应该树立怎样的职业观？

項目三

熟悉电商客服规则

近年来，我国的电子商务行业快速发展，交易额连创新高，电子商务在各领域的应用不断扩展深化，相关服务业蓬勃发展，支撑体系不断健全完善，创新的动力和能力不断增强。电子商务与实体经济深度融合，进入规模性发展阶段，对经济社会生活的影响不断增大，成为我国经济发展的新引擎。

随着电子商务行业不断发展，行业对电商客服的需求也在不断增加，大批人员涌入电商客服岗位，导致电商客服的综合工作素质参差不齐。

本项目将深入介绍电商客服的规章制度总则、工作日常规范、与客户沟通原则，以及客户咨询流程等方面的知识。

教学目标

☞知识目标

1. 能够说出设立电商客服规则的目的；

2. 能够说出电商客服的日常工作规范；

3. 能够说出与客户沟通的原则；

4. 能够说出处理客户咨询的流程。

☞ 能力目标

能够写出客户咨询案例的问题所在，并提供更好的意见。

☞ 素质目标

1. 培养灵活的商业头脑和市场意识；

2. 培养独立思考及解决问题的能力；

3. 培养数据思维和利用数据发现问题的能力。

───────────── 课前自学 ─────────────

熟悉电商客服规则

1. 设立电商客服规则的目的

设立电商客服规则是为了明确电商平台客服中心的岗位职责，优化电商客服的具体工作内容，规范电商客服的日常工作流程，提高工作效率，使客服工作有所遵循，避免岗位行为乱象。

2. 电商客服主要职责

电商客服代表着店铺和公司的形象，同时也是公司的产品专家和形象专家。电商客服主要负责了解顾客需求、引导话题、诱导订单成交，同时，也应尽量让顾客记住店铺特色。这一岗位最重要的是要具备"良好的态度和责任心"。

因此，电子商务行业需要具体的电商客服规则来规范客服的日常工作，以避免电商客服岗位工作乱象的出现。

3. 电商客服工作日常规范

① 牢记"用户第一"的原则，主动、热情、周到地为客户服务，努力让客户满意，维护好公司和店铺的品牌形象。

② 必须尽职尽责、精诚合作、敬业爱岗、积极进取。

③ 爱学习、勇于创新，通过培训和学习使个人的专业知识和个人素质与公司发展保持同步。

④ 具有坚韧不拔的毅力，有信心、有勇气战胜困难和挫折。

⑤ 要善于协调，融入集体，有团队合作精神和强烈的集体荣誉感，分工不分家。

⑥ 遵守劳动纪律，不迟到、不早退、不旷工、不脱岗、不串岗。

⑦ 必须遵守相关法律法规，遵纪守法，不能为达目的违反相关法律法规。

4. 与客户沟通的原则

（1）勿逞一时的口舌之能

与客户沟通最忌讳的就是逞一时的口舌之能，因为逞一时的口舌之能并不能说服客户，只会给之后的工作增加难度。在与客户沟通时，不要摆出一副教人的姿态，这样会引起客户的反感，反而会适得其反。真正的沟通技巧不是与客户争辩，而是引导客户接受你的观点或向你的观点"倾斜"，晓之以理，动之以情。

（2）顾全客户的面子

要想说服客户，就应该顾全客户的面子，要给客户下台阶的机会。顾全客户的面子，客户才会给你面子。顾全客户的面子并不是一件难事，只需要稍微注意一下态度和措辞。

（3）不要太"卖弄"自己的专业知识

在与客户沟通时，不要认为自己高人一等，什么都知道，做出愿为人师的姿态。在向客户解释专业性用语时，最好是用简单的例子、浅易的方法来说明，让客户容易了解和接受。解释时要不厌其烦，否则客户会失去听你解释的耐心，使你无法达到目的。

5. 客户咨询流程

（1）熟记产品基本信息，流畅回答顾客问题

① 产品的基本信息：比如自热羽绒服的尺码、型号、货存等。

② 产品的功能：比如自热羽绒服有哪些功能。

③ 产品的特点：比如普通羽绒服和自热羽绒服对比，自热羽绒服好在哪里？

④ 相对其他店铺产品，我们产品的优势。我们是自主品牌，保证正品，有自己的生产工厂；本店承诺都是实物拍摄，不用担心商品与实物不符合（特殊物品可以阐述为与照片完全相同）。

（2）客服基本咨询流程

① 售前、售中客户咨询。

服务客户，引导购买介绍产品。

介绍购物过程和快递物流。

② 客户下单付款、发货。

核实发货信息。

打印订单，送跟单员核单并安排出货，包装货品。

通知快递公司取货，货物发出后录入快递单号。

③ 售后服务。

货物未到达，且客户要查询快递情况时，客服要第一时间主动帮客户查询并告知。

帮助客户处理退货、换货。

与客户进行投诉沟通处理。

维持良好的客户关系，促进再次消费或介绍新客户。

课前自测

一、单选题

1. 小丽是某女装旗舰店的咨询客服。有一天消费者咨询小丽，购买 100 元的衣服，想多开点发票，自己可以承担税点，小丽应该如何做？（　　）

    A. 答应消费者的要求，因为消费者承担税点，可以开具金额为 100 元以上的发票

    B. 同意消费者的要求，因为天猫要求必须无条件为消费者开具公司或个人发票

    C. 拒绝消费者的要求，因为天猫要求开具发票是实买实开

    D. 同意消费者的要求，并且不需要消费者承担税费，因为消费者满意最重要

2. 小白是一家零食专营店的客服。某日有位消费者向小白咨询，自己收到了一箱零食，箱子上是小白家店铺的网址，想通过自己的手机号查询一下是谁帮自己买了零食，面对消费者这种请求，小白应该如何处理？（　　）

    A. 告知消费者购买人的旺旺 ID，因为有可能是朋友送的礼物，与人方便，自己方便

    B. 拒绝告知消费者购买人的旺旺 ID，因为这属于泄露消费者信息

    C. 告知消费者购买人当时的聊天记录截图，让消费者自己判断是谁送的礼物

    D. 拒绝告知消费者的旺旺 ID 而是告知消费者购买人的注册地址，让消费者猜测购买人的信息

3. 小红是一家天猫店铺的售前客服，在与消费者沟通过程中发生了不愉快，小红心生怨恨，将消费者拍下未付款的订单全部关闭了，如何评价小红这种做法？（　　）

    A. 可以关闭，因为已经与消费者发生了不愉快，即使交易，也会产生很多麻烦

    B. 不可以关闭，因为天猫规定了不允许商家关闭消费者未付款的订单

C. 可以关闭，因为占用在线有效库存

D. 不可以关闭，因为关闭订单非常容易造成很多后续问题，应该与消费者沟通消除误会，并按照消费者的意愿选择是否关闭订单

4. 在高校放暑假的日子，很多学生放假回家，但是网购软件中留存的地址还是学校地址，导致很多快递都发到了学校。为了避免后续因此产生售后问题，最佳的处理方式是_____。（　　　）

A. 让仓库部门在发货时只要看到是学校的订单就电话联系消费者核实收件地址

B. 没有办法避免，这种事情年年发生，直接发货就可以了

C. 让售前客服在客户下单后与客户联系，核实收货信息

D. 无法收到货的客户订单全部退回重新发货

二、多选题

1. 小刘是一家宠物食品店铺的客服，客户反馈自己购买的宠物鸡肉条少发了一斤，小刘应该如何处理？（　　　）

A. 安抚客户然后让客户查看商品包装，如果包装完整，则与仓储核实是否少发，如果少发，立刻给客户补发商品并且致歉

B. 安抚客户，然后让客户查看商品包装，如果包装完整，说明商品没有在物流过程中丢失，客户可能是想利用少发敲诈，拒绝补发

C. 安抚客户，然后让客户查看商品包装，如果包装完整，与仓储核实是否少发，如果少发，强行支付宝退款给客户

D. 安抚客户，然后让客户查看商品包装，如果包装不完整，让客户拍照并且核实少件商品后，安排补发，最后与快递协商少件赔偿

2. 小宇是一家店铺的售后查件客服，经常有客户咨询为什么没有收到产品或者物流信息有误，下列哪个做法是错误的？（　　　）

A. 告知客户快递的电话号码，让客户自己催促

B. 不查询任何信息，根据经验判断直接告知客户等待即可

C. 告知客户，物流属于第三方合作，不在自己能力可控制的范围内，让客户耐心等待；如果实在着急，就让客户自己投诉物流公司

D. 先根据客户提供的订单号帮助客户查看物流情况，确认该订单是否属于

物流异常，如果是物流异常，则安抚客户并帮助客户跟进；如果不属于异常，则安抚客户耐心等待

3. 李明是一家店铺的客服，经常有一些客户在确认订单的环节咨询发货时间的问题，李明应该如何回复客户？（　　　）

A. 亲，我们每天的订单处理工作量比较大，一般是当天晚上才开始处理，所以，大家的货都是第二天发走的

B. 亲，我们每天的订单处理工作量比较大，一般都是一周之内发货的哦，如果您等不及可以申请退款哦

C. 亲，我们每天的订单处理工作量比较大，不确定发货时间哦，所以请耐心等待哦

D. 亲，我们每天的订单处理工作量比较大，根据平台规定，我们都是在付款后 48 小时之内给亲发货的哦

三、判断题

1. 小黄想在天猫购买一台加湿器，但是不会使用网上支付，小黄咨询了店铺客服，店铺客服表示可以使用汇款的方式支付产品购买费用，商家的做法是否正确？　　　　　　　　　　　　　　　　　　　　　　　　　（　　　）

2. 客户自己填错了退货单号，运费险是不给赔付的。　　　　　（　　　）

3. 客服的打字速度不直接影响客服的平均响应时间。　　　　　（　　　）

四、简答题

1. 包邮产品发生退货，运费由谁承担？

2. 你作为一个即将来"××旗舰店"工作的客服，应该具备哪些必需的素质？请如实写出你本人的性格、心态和工作觉悟，以及一个客服必须具备的品质。

3. 客户购买的某商品有运费险，因故退货退款后，客户咨询运费的退回时间，你作为客服，应该怎么回复客户？

———————— 课中实训 ————————

任务一　电商客服的重要规则与案例分析

【任务描述】

小黄已入职某化妆品公司半年，目前担任该公司的电商客服。由于公司正在全力扩张，所以需要大量的客服专员，该公司主管要求小黄编写电商客服的重要规则以及部分案例分析作为培训电商客服新人的资料。

本任务将以此为关键点，结合之前所学内容和课前自学，要求学生能够独立写出电商客服的重要规则。

【任务目标】

1. 学生能够写出电商客服的重要规则；

2. 学生能够写出客户咨询案例的问题所在，并提供更好的意见。

【任务需求】

1. PC 端信息设备/手机端设备。

2. PC 端 Word 文档，或者相应手机软件。

【任务实施】

步骤 1：打开 Word 文档，根据所学，将自己认为的电商客服重要规则分点写出。编写格式如图 3-1 所示。

图 3-1　电商客服重要规则

步骤 2：对图 3-2 所示的实际客服咨询案例进行分析，分析其问题所在，并提出意见。

步骤 3：表 3-1 中是几个实际客户咨询案例，结合电商客服的岗位重要规则，分析案例并将分析结果和建议填入表中相应位置。

客服问题点：
1.互动非常少，被动回答问题；
2.客服给客户回复货品较少，潜意识拒客户
于门外。
推荐话术核心：
避免使用一些会让客户离去的词句。
推荐话术：
您看中的几款型号都很不错哦，现在卖断货啦。
不过又有几款更新潮的款型刚推出哦，比如这
款××。

图 3-2　客户应答案例及分析

表 3-1　客户应答分析意见

实际客户咨询案例
［案例 3-1］
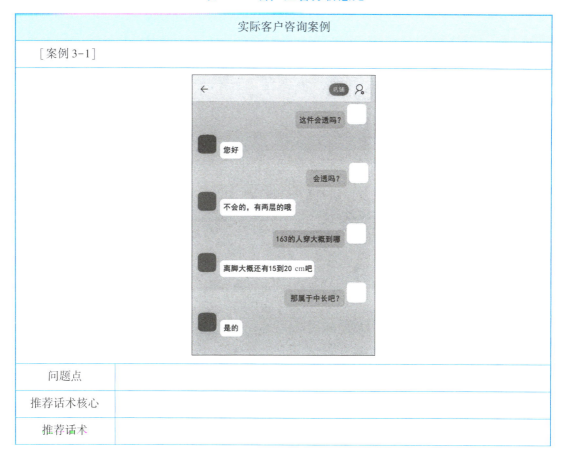

问题点	
推荐话术核心	
推荐话术	

续表

实际客户咨询案例
[案例 3-2]

问题点	
推荐话术核心	
推荐话术	

[案例 3-3]

问题点	
推荐话术核心	
推荐话术	

任务二　通过电商客服规则考试

【任务描述】

某公司因发展需求，招聘了大量电商客服专员，但这些客服专员尚未经过系统的培训。小黄因之前编写过电商客服规则及案例分析，因此，公司主管再次要求小黄进行电商客服培训，并对新入职的客服专员进行电商客服规则考试。

本任务将以电商客服规则为关键点，结合之前所学内容，以及课前自学，要求学生能够通过电商客服规则考试。

【任务目标】

学生能够通过电商客服规则考试。

【任务需求】

1. PC 端信息设备/手机端设备；

2. PC 端 Word 文档，或者相应手机软件。

【任务实施】

步骤 1：根据所学知识，按照要求完成电商客服考试。

电商客服规则考试

一、单选题

1. 客服人员应该如何处理客户投诉？（　　　）

A. 忽视客户投诉，不给予回应

B. 认真倾听客户的问题，并提供解决方案

C. 对客户的投诉不予理睬，并转移话题

D. 对客户的投诉敷衍应对，不给出明确答复

2. 在与客户交流时，客服人员应该如何保持礼貌和尊重？（　　　）

A. 使用粗鲁的语言和语气

B. 使用敬语，注意语气温和

C. 不必在乎客户的感受，专注于工作

D. 口若悬河，一直说个不停

二、问答题

1. 什么是客户服务？客户服务的重要性是什么？

2. 在客服工作中，如何确保客户信息的保密性？

三、判断题

1. 客服人员可以在工作时间聊天或使用手机等个人设备。（　　）

2. 客服人员应该使用礼貌和尊重的语言与客户交流。（　　）

3. 客服人员可以无视客户的投诉，只关注解决其他问题。（　　）

4. 客服人员应该保持专业的形象，包括穿着正式的制服。（　　）

四、简答题

1. 描述一个你遇到的困难客服案例，你是如何解决的？请分享你的经验。

2. 在客服工作中，你认为哪些技能是最重要的？请列出 3 个。

步骤 2：除本套电商客服考试试题外，还可以在线上进行考试，考试网址为：https：//alicert. taobao. com/cert-ali/pro/course/7168/intro。

心得体会

项目评价

学生自评表

技能评价				
序号	技能点	达标要求	学生自评	
			达标	未达标
1	能够写出具体案例的问题所在，并提出更好的意见	（1）条理清晰地写出电商客服的重要规则； （2）思路清晰，写作规范； （3）能准确分析客户咨询案例的问题； （4）根据问题，能够提出更好的意见		

素质评价				
序号	素质点	达标要求	学生自评	
			达标	未达标
1	灵活的商业头脑和市场意识	（1）具备灵活的商业头脑； （2）具有相应的市场意识		
2	独立思考并解决问题的能力	遇到问题能够独立思考与分析，并能够找到问题的解决办法		
3	数据思维和利用数据发现问题的能力	能以数据思维的方式去思考、发现问题		

教师评价表

技能评价				
序号	技能点	达标要求	教师评价	
			达标	未达标
1	能够写出具体案例的问题所在，并提供更好的意见	（1）条理清晰地写出电商客服的重要规则； （2）思路清晰，写作规范； （3）能准确分析客户咨询案例中的问题； （4）根据问题，能够提出更好的意见		

素质评价				
序号	素质点	达标要求	教师评价	
			达标	未达标
1	良好的交流沟通能力	（1）具备一定的语言表达能力； （2）能与小组成员正常交流、沟通		
2	团队协作精神	（1）具有一定的团队意识； （2）能与小组成员协作完成项目		
3	独立思考的能力	遇到问题能够独立思考与分析，并找到问题的解决办法		

─────────── 课后拓展 ───────────

购买服装

顾客：您好，这件衣服的 M 码是 165 的吗？

客服 B：您好，××旗舰店，××将为您服务，请稍等，有什么可以帮到您？

客服 B：亲，您想长一点的话，建议您穿 L 码哦。

顾客：你们这品牌在××有实体店吗？

客服 B：亲，我们实体店前几天关门了。

客服 B：这款衣服在店里的时候很热销的哦！

顾客：有货到付款吗？

客服 B：亲，没有哦，您可以放心，我们是××网指定的官方旗舰店，有质量保障的。

[想一想]

上述案例中，客服 B 这一订单失败的原因是什么？客服 B 犯了哪些错误？

─────── **素养提升** ───────

当当网网购进口巧克力无中文说明诉讼获赔 10 万元案

67 岁的老人杨某在当当网上购买了东邮贸易有限公司的一批进口巧克力，一共花了 3 万多元，但这些巧克力从说明、保质期、生产日期到配料表等标签，均没有任何中文说明。老人在网上咨询客服，客服搪塞敷衍，转移话题，不正面回答问题，老人遂以销售不符合食品安全标准的食品为由，将当当网及东邮贸易有限公司告上法院，索赔 42 万余元。

根据《中华人民共和国食品安全法》第六十六条规定：进口的预包装食品应当有中文标签、中文说明书。标签、说明书应当符合本法以及我国其他有关法律、行政法规的规定和食品安全国家标准的要求，载明食品的原产地以及境内代理商的名称、地址、联系方式。预包装食品没有中文标签、中文说明书或者标签、说明书不符合本条规定的，不得进口。该案在东莞市第一人民法院公开开庭审理，该案的最终审理结果是原告获赔 10 万元。

党的二十大提出强化食品药品安全监管。食品安全监管工作人员要进一步增强政治意识、忧患意识、风险意识，守护好人民群众"舌尖上的安全"。作为消费者，同样要增强自己的法律意识，发现有侵犯自己的消费权益，要勇敢地拿起法律武器来维护自身权益。

（资料来源：https://www.xywy.com/fk/78b1345897.html）

阅读上面案例，思考以下问题：

1. 案例中的电商客服岗位工作人员违反了哪些电商客服规则？

2. 如果你作为电商客服碰到这种情况，你认为是否应该如实回答顾客问题？

3. 电商客服岗位的工作人员应具备怎样的职业道德观？

分析产品与客户

当下正是互联网的时代，一些网店看似做得风生水起，实则面临的竞争非常激烈，同质化的产品有很多，因此，商家要对产品进行定位，并对用户进行分析，以便了解产品的适用人群以及消费者的喜好，只有这样才能得到相应的客户群。

本项目将深入介绍标品与非标品、产品的分类以及客户群体的关系等方面的相关知识。

☞知识目标

1. 能够认知标品与非标品，并说出其特点；

2. 能够分析产品的卖点；

3. 能够解释产品卖点的重要性；

4. 能够说出如何整理产品卖点来满足客户的需求；

5. 能够描述如何解决客户提出的关于产品的问题。

☞ 能力目标

1. 能够通过标品和非标品的特点找到符合客户需求的产品；

2. 能够发现并处理客户所提出的问题；

3. 能够分析常见的问题并设计出正确的回应话术。

☞ 素质目标

1. 培养爱岗敬业精神；

2. 培养团队协作精神；

3. 培养数据思维和利用数据发现问题的能力。

—————————— 课前自学 ——————————

一、分析整理非标品类产品的卖点与客户需求

1. 非标品

非标品是指那些没有明确规格型号的商品，比如服装、鞋子、帽子、包包等，款式多样的大多属于非标品。

2. 产品卖点

经典的版型设计，有质感的拼接，舒适的面料，触感柔软，简约百搭等。

3. 客户需求

客户选择产品的时候，会从价格开始了解，继而判断定价的高低，颜色是否特别好看，面料是否舒服，版型是否百搭，款式是否新颖。

二、分析整理标品类产品的卖点与客户需求

1. 标品

搜索词少且大都是精准词，销售和价格的敏感度很高，有这些特征的商品一般为标品，例如零食、家电、体育用品等。

2. 产品卖点

标品的卖点需要从产品的功能、原材料、品牌、包装材质、大小、颜色、风格、结构及配件等方面入手，突出产品的优势。功能性产品要介绍产品本身的设计功能。例如：家具类商品在原料工艺上着重介绍与其他产品的不同；大品牌的商品要突出自己的品牌影响力，如果是不知名的品牌，就需要弱化品牌的描述。

比如儿童手表，妈妈们可能会担心孩子洗手玩水的时候手表会进水，如果手表能深度防水，那么这一亮点就可以作为卖点描述，吸引有这一需求的人群。如图4-1所示，这两款电话手表都对其防水功能做了重点解释。

3. 客户需求

商家可以从以下几个方面去发现客户的需求。

图 4-1　两款电话手表的防水功能描述

（1）咨询情况

收集买家与客服的聊天记录，商家可以从聊天记录里提取出用户的需求。买家购买前咨询的问题最能反映买家的需求及顾虑。买家会来咨询，很可能是商家在描述商品时没有考虑到一些细节。买家收货并使用后向客服反馈的对产品的评价和建议都是商家优化产品卖点的重点。

（2）买家的评价

商家可以汇总买家对产品的评价，挖掘买家最在乎什么，进而对商品做出优化；也可以收集其他买家同类商品的评价，这里建议找评价多的商品进行分析。

如图 4-2 所示，根据买家的评价，我们可获得的信息是：买家看重商品质量（布料、做工和走线）、该商品尺码可能会偏大等。

（3）老客调研

对于有老客或者粉丝群的商家，可以采用有奖调研的方式收集信息，这样能获得更加有效和更有针对性的信息。

（4）用户体验

自己或者请亲朋好友体验商品，在体验过程中将问题及建议随时记录下来；赠送给部分用户免费体验，然后收集他们在使用过程中发现的问题及建议。

图 4-2　买家对某商品的评价

三、整理常见产品的产品问题及回答方式

小明在经营一家网店，马上到"618 活动"了，小明发现人手不够，需要招聘一些新的客服人员。考虑到新员工需要进行培训，所以小明提前整理出一些常见的产品问题以及回答方式给新员工进行培训。

[案例 4-1]

客户：是正品吗？质量有保障吗？

客服：亲，我们都是厂家直销，保证是正品，请放心购买。

客户：好的。

客户：我看评论里说价格比别家贵，你们家黑色的舞鞋卖得好，那金色的舞鞋再便宜点吧。

客服：亲，两个颜色的舞鞋品质相同，黑色的舞鞋比较好搭衣服，所以购买的客户多一些。

客服：亲，咱们这个热销款就是薄利多销赚口碑的，您看客户评价都是很好的。

客户：是不是要选小一码？

客服：亲，您真的很专业，舞鞋比平时的鞋子大一码，选小一码更合适。

客户：闺女学跳舞好多年了，买过不少舞鞋。

客服：那咱们这款专业的舞鞋您一定会满意的。

客户：金色的舞鞋是什么材质，穿上舒服吗？

客服：金色舞鞋的鞋面是PU的，容易清洗，鞋底是皮绒材质的，这些都是专业拉丁舞鞋常用的材料，穿上非常柔软舒适。

客户：那给我检查好，不要有次品，上次在别人家买的质量不行。

客服：您放心，仓库有专门的质检人员把关品质，会检查后再给您发货。

—————— 课前自测 ——————

一、单选题

1. 下列属于非标品的是_____。(　　)

A. 笔记本电脑 　　　　　　　B. 旺旺饼干

C. 连衣裙 　　　　　　　　　D. 按摩沙发

2. 标品的特点是_____。(　　)

A. 款式多样，卖点多，有针对性的选款和推款

B. 能规格化，可工业化大批量生产

C. 利润空间比较大，有一定的消费人群范围

D. 以上都是

3. 如何找出符合客户需求的产品？(　　)

A. 和客户沟通询问

B. 根据产品的特点进行挖掘匹配

C. 多上一些产品，总有一款适合客户

D. 以上都是

4. 影响客户忠诚度的最主要因素是_____。(　　)

A. 客户满意度 　　　　　　　B. 客户性别

C. 客户年龄 　　　　　　　　D. 客户期望

二、多选题

1. 对于标品来说，哪些因素尤为重要？(　　)

A. 点击率 　　　　　　　　　B. 转化率

C. 销量和排名 　　　　　　　D. 店铺名称

2. 非标品的标签更体现在_____、_____上，直接决定了竞争度和_____的精准度。(　　)

A. 词 　　　　　　　　　　　B. 产品

C. 图 　　　　　　　　　　　D. 流量

3. 小明去应聘一家服装淘宝店铺的客服，面试官要求小明整理出一些关于

衣服的常见问题，小明可以整理哪些问题？(　　　)

　　A. 是正品吗？质量有保障吗？

　　B. 这个面料透气性怎么样呀？

　　C. 衣服会不会容易变形？

　　D. 好搭配吗？包包和鞋子搭配什么样的比较合适？

三、判断题

1. 苹果 13 属于非标品。　　　　　　　　　　　　　　　　(　　)

2. 产品的卖点都不重要，只要价格便宜就可以。　　　　　　(　　)

3. 客服需耐心地聆听客户对产品的疑问，然后一一解答。　　(　　)

四、简答题

1. 谈一谈标品与非标品的区别。

2. 标品中有很多类目是在拼销量，这类商品应如何操作才可以盈利？

―――――― 课中实训 ――――――

任务一　分析整理标品类产品的卖点与客户需求

【任务描述】

佳佳面试一家电商淘宝客服。由于这个岗位非常热门，公司对每个面试者都要进行考核。该公司人事在面试佳佳的时候，将分析整理美的空调某款产品的卖点以及客户需求作为考核内容。

本任务将以此为关键点，结合电商客服之前所学内容以及课前自学，要求学生能够独立写出标品类产品的卖点与客户需求。

【任务目标】

1. 学生能够写出美的空调产品的卖点与客户需求；

2. 学生能够写出客户需求且能以案例问题形式展示，并提出更好的意见。

【任务需求】

1. PC 端信息设备/手机端设备；

2. PC 端 Word 文档，或者手机相应软件。

【任务实施】

步骤 1：以小组为单位（3~6 人）进行头脑风暴，分析并整理标品类产品的卖点与客户需求，填入表 4-1 中。

表 4-1　美的空调产品的卖点与客户需求描述表

美的空调产品的描述
1. 详细描述美的空调这一产品。
2. 美的空调产品的卖点。
3. 整理美的空调产品的卖点，能满足哪类客户的需求。
4. 解决客户提出的关于产品的问题。

步骤 2：以抽签的方式，随机选择小组进行回答。可抽取多组。

任务二　分析整理非标品类产品的卖点与客户需求

【任务描述】

小明在学校学习的专业是电商客服，现在马上要去实习了，他在招聘网站上看到一家电商公司还不错，准备去面试这家公司的电商客服。由于这个岗位非常热门，公司对每个面试者都要进行考核，该公司人事在面试小明的时候，要求小明分析整理服饰鞋包产品的卖点以及客户需求，并将这一问题作为考核内容。

本任务将以此为关键点，结合电商客服之前所学内容，以及课前自学，要求学生能够独立写出非标品类产品的卖点与客户需求。

【任务目标】

1. 学生能够写出服饰鞋包产品的卖点与客户需求；

2. 学生能够写出发现并处理客户所提出问题的详细步骤。

【任务需求】

1. PC 端信息设备/手机端设备；

2. PC 端 Word 文档，或者手机相应软件。

【任务实施】

步骤 1：打开 Word 文档，根据所学，将自己认为的服饰鞋包类产品的卖点与客户需求写在表 4-2 中。

表 4-2　服饰鞋包类产品的卖点与客户需求描述表

服饰鞋包类产品卖点与客户需求
1.
2.
3.
4.

步骤 2：以抽签的方式，随机选择小组进行回答。可抽取多组。

任务三　整理常见产品的产品问题及回答方式

【任务描述】

小张在女装类目下的天猫某店铺做客服，因为最近来了几个新客服，小张作为老员工，需要给新员工做岗前培训。因此，小张需要整理一些常见女装类产品的产品问题及回答方式来作为本次培训的内容。

本任务将以此为关键点，结合电商客服之前所学内容，以及课前自学，要求学生能够独立写出产品常见的产品问题及回答方式。

【任务目标】

1. 学生能够写出女装类常见产品的产品问题及回答方式；

2. 学生能够通过常见的问题设计正确的话术。

【任务需求】

1. PC 端信息设备/手机端设备；

2. PC 端 Word 文档，或者手机相应软件。

【任务实施】

步骤 1：参考客服对话模板（见表 4-3），以小组的形式对客户常提的产品问题进行讨论。

表 4-3　客服对话参考模板

客服对话模板
客户：这鞋是什么材质的？
客服：亲，您眼光真好，您看上的这款短靴是胎牛皮材质的。
客户：牛皮的鞋怎么这么贵呀？
客服：亲，咱们家这个鞋是胎牛皮材质的，胎牛皮的皮质非常细腻，有一种独特、舒适的脚感。
客户：皮质细腻，那耐磨吗？
客服：亲真的很专业，胎牛皮的韧性特别好，是牛皮中最好的，耐磨度也是经过测试的。
客户：我再看看。
客服：亲，也许您觉得价格稍微有点高，可是这种皮质的弹性好，舒适度非常高，很多客户都觉得购买的鞋就和定制的一样，所以会回购。
客户：嗯，看评价是蛮好的。
客服：是的，胎牛皮的皮质纹路清晰，很难造假，每双鞋都彰显品质呢！
客户：那能优惠点吗？
客服：您是我们的新客，可以申请入会，入会后可领取 50 元的大额优惠券呢！
客户：好的，那我现在去下单。

步骤 2：结合小组的讨论结果、课前自学以及客服对话参考模板，把产品的常见问题以及回答方式以对话的形式写在表 4-4 中。

表 4-4　产品常见问题及回答方式

产品常见问题以及回答方式
客户：
客服：
客户：
客服：
客户：
客服：
客户：
客服：
客户：
客服：
客户：
客服：

 心得体会

项目评价

学生自评表

技能评价				
序号	技能点	达标要求	学生自评	
			达标	未达标
1	能够写出两类产品的卖点以及客户的需求	（1）语言表达清晰，能抓住两类产品的要点； （2）能够明确描述标品与非标品的卖点		
2	写出客户需求的重要性	（1）思路清晰，语言表达流畅； （2）能够说出两类产品与客户需求的几点重要作用		
3	写出客户提出的关于产品的问题	能够正确写出客户对于产品提出的问题		
素质评价				
序号	素质点	达标要求	学生自评	
			达标	未达标
1	爱岗敬业精神	（1）吃苦耐劳，认真负责，任劳任怨； （2）忠于职守，尽职尽责		
2	数据思维和利用数据发现问题的能力	能以数据思维去思考、发现问题		

教师评价表

技能评价				
序号	技能点	达标要求	教师评价	
			达标	未达标
1	学生能够制作出一份关于产品的新人培训文件	思路清晰，能够说出标品与非标品的重要性		
素质评价				
序号	素质点	达标要求	教师评价	
			达标	未达标
1	爱岗敬业精神	（1）吃苦耐劳，认真负责，任劳任怨； （2）忠于职守，尽职尽责		
2	数据思维和利用数据发现问题的能力	能以数据思维去思考、发现问题		

课后拓展

客户：拍下发什么快递呀？

客服：亲在的哦。

客户：你没看到我的问题吗？

客服：我看看。

客服：我们使用的快递有顺丰和 EMS。

客户：这是七夕礼物，比较着急，能不能帮忙发顺丰呀？

客服：顺丰也无法保证的，时间太赶了。

客户：那要顺丰干吗？

客服：我无语了。

客户：你无语，我才无语呢，作为客服，一点耐心都没有，不买了。

[想一想]

本案例中的问题对话是否可以作为培训资料来给新人培训？为什么？

—————— 素养提升 ——————

海购鞋子码数偏小，商家却拒绝退换货

5月8日，广西壮族自治区的邓女士向"电诉宝"投诉，称自己于4月21日在某购物App下单购买了36码高跟鞋一双，并且在5月6日收到该货物。经过试穿，邓女士发现鞋子比正常36码偏小，自己穿不进去，于是想要退货，联系客服却被告知，海外商品不退不换。邓女士表示自己去国内专柜试穿过这双鞋，脚感和价格都比网购的这双好，这使得邓女士更想退货了，但是几番周折还是不能如愿退货退款。对此，这家店铺向"电诉宝"反馈称已联系客户，此问题未能达成一致，未能解决。

（资料来源：http://gubaf10.eastmoney.com/news,cfhpl,
1044229679,1461385578867856.html）

阅读上面案例，思考以下问题。

1. 非标品类海外产品的退换货是否应遵守电商平台的规定？

2. 案例中的客服对于问题的处理方式是否符合电商客服日常行为规范？

总结反思

设计售前话术

项目导入

话术，又名说话的艺术，以"察言观色""一物百拟""用情至深""行文诡辩"著称于世。

客服代表着店铺和公司形象，售前客服需要了解客户需求、引导话题、促成交易，让客户记住店铺特色。但是，客服在和客户交流时，无法看到对方的表情，要促成交易，只能通过语言和文字来达到这个目的。售前客服在接待客户的过程中，沟通技巧运用得巧妙不仅可以快速促成交易，还可以增强客户的忠诚度。

本项目将深入介绍制定售前接待流程、常见售前问题案例分析、售前各流程的话术设计等方面的知识。

教学目标

☞ 知识目标

1. 能够说出售前接待的流程；
2. 能够分析售前问题的经典案例。

☞能力目标

1. 能够分析售前案例并解决售前问题；

2. 能够设计售前各流程的话术。

☞素质目标

1. 培养独立设计和执行的能力；

2. 培养良好的职业道德和敬业精神；

3. 培养开拓创新思维，能够推陈出新。

课 前 自 学

一、制定售前接待流程

1. 售前客服接待流程

售前客服是指在客户购买商品之前，明确商品的定位，为客户提供商品信息的解答，引导客户购买商品的岗位。为确保售前客服工作的努力与付出是有价值的，就需要一个合理的售前客服接待流程，如图5-1所示。

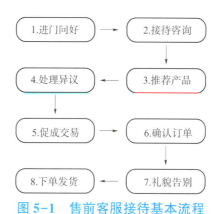

图 5-1　售前客服接待基本流程

（1）进门问好

良好的第一印象是成功沟通的基础，无论是售前客服还是售后客服，"迎"的成败都会影响到处理的结果。

如图5-2所示，店铺设置的旺旺自定义签名给人店大欺客之感，给买家带来极差的第一印象，所以不建议使用。"在""没""嗯"这类看似在回答顾客疑惑的用语，在客服与客户的聊天中要坚决避免。用一个字回答询问会让客户觉得客服很敷衍、缺乏耐心、太过冷漠。

（2）接待咨询

为了更好地接待咨询，工具方面的准备工作要做好。首先要了解千牛工作台的系统设置，然后要设置好自动回复，包括聊天人数达到一定数量后，对回复不过来的消息进行自动回复以及快捷短语的设置，如图5-3所示。

图 5-2　某店铺客服与买家的聊天记录

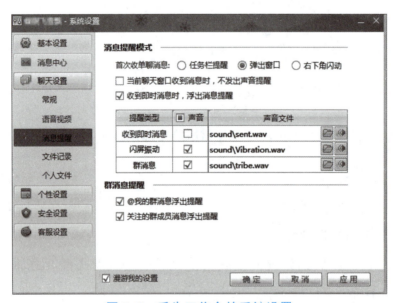

图 5-3　千牛工作台的系统设置

（3）推荐产品

向客户推荐产品，要根据客户的需求方向去"说"，"说"就是向客户介绍产品；继而要引发这个客户对产品的兴趣，并且根据其反应来调整推荐产品的方向。客服"说"的时候可以通过提问题的方式，一种是开放式问题，一种是封闭式问题，如图 5-4 和图 5-5 所示。

开放式问题	封闭式问题
您希望发哪家快递？ 您对款式有啥要求？ 您还想要买什么？	给您发**快递好吗？ 给您可拆卸款好吗？ 要给您配件裙子吗？

图 5-4　开放式问题和封闭式问题

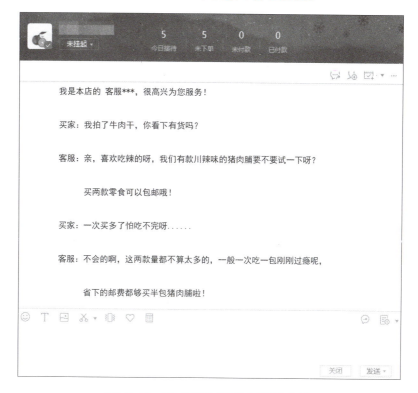

图 5-5　以"说"的形式推荐商品

（4）处理异议

"应"就是在沟通过程中，对客户提出的各种问题进行回应和解释。"应"以解决买家的异议并促进购买为第一目的。如在处理议价的时候，首先态度要亲切，不要因为对方还价而让他感觉到你很反感，其次解释要得体，用语要规范，同时还要使用一定的沟通技巧，如图 5-6 所示。

（5）促成交易

在和客户聊天时，客服应根据客户的心态或思虑，使用相应的话术取得客户的信任，从而促成交易。客户的常见心态如图 5-7 所示。

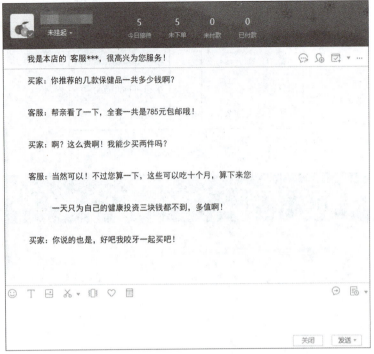

图 5-6　以"应"的形式解决买家的异议

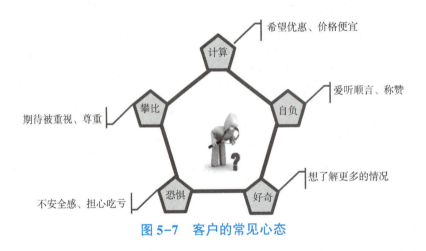

图 5-7　客户的常见心态

（6）确认订单

客户下好订单，售前客服在收到客户订单的付款信息后，要通过即时聊天等网络工具或者相关通信工具与客户取得联系，确认客户填写的信息是否正确，特别是收货地址、联系人姓名、联系方式、订购的商品信息等，避免因这些错误引起纠纷。

细节决定成败，把好核对信息关，可以提高服务指数，避免诸多后续可能出现的售后问题。核对好订单信息会提高客户满意度，反之则可能出现一系列的问题，比如地址错误导致快递无法派送、联系方式错误导致客户无法收到快递、商品信息错误导致客户要求退货等。

（7）礼貌告别

核对完订单之后是礼貌告别。中国人讲究礼仪，离开时需要和对方说一声，这是礼貌告别的一种方式。网店客服不同于实体接待，是通过毫无生机的计算机与客户进行交流的，客户看不到客服的热情和表情，因此，客服不能简单地说"再见"，而是要用丰富的表情及礼貌的用语表达热情。如："非常高兴可以接待您，您的慷慨就像加勒比海一样宽广，后续有任何问题您都可以联系我们，祝您生活愉快！""非常感谢您的支持，我们有做得不好的地方，您都可以提出，我们会多加改进的。感谢您对××的支持，祝您生活愉快！"

好的结束语可以给客户留下良好的印象，让客户得到满足感，幸福指数上升，在收到货后可以给予商家良好的评价，甚至会在商品评价中专门对客服提出表扬。

（8）下单发货

二、售前经典案例分析

我们从不同的渠道搜集了大量的售前案例，从这些案例中我们可以分析出一些经验和教训。我们总结了在售前客服与客户交流过程中常常出现的几类情况，下面一一进行分析。

1. 产品不熟悉

客户在选购商品的过程中，遇到困惑后第一时间想到的是咨询客服。如果客服对于客户的问题一问三不知，你觉得客户还会购买商品吗？下面我们来看看几个经典的案例。

[案例 5-1]

×××食品店

Yiyi5：（14:24:05）生产日期是哪天？

客服小兰：（14:24:20）21年最新日期的哦

Yiyi5：（14:24:25）21年几月份的？

客服小兰：（14:25:10）具体的确定不了呢，亲。

客服小兰：（14:25:15）货都在库房。

诊断：客服对产品的生产时间不熟悉，会让客户担心保质期的问题。客服切忌在聊天中说不清楚之类的话，哪怕不知道也应给出肯定的答复。

治疗：亲，请放心，我们的产品都是在过期之前很早就卖完了，不用担心过期这个问题哦！

[案例5-2]

×××女装服饰店

顾客：好喜欢这件衬衫？但是我不知道穿什么尺码耶！

客服：我们家的都是标准尺码哦！

顾客：165 cm，50 kg穿什么码？

客服：那我帮亲查查吧。

客服：亲可以考虑M和L号的。

顾客：那到底是M号还是L号啊？

诊断：针对客户主要想询问的问题，客服的回答并不能解决客户的问题，让客户失去了谈话的耐心。

治疗：亲，我们家的衬衫都是标准尺码的，您平时穿多大码的衬衫，在我们店也是穿多大，您不用担心的。

[案例5-3]

×××儿童玩具精品店

顾客：你好，这个儿童早教故事机里的故事内容可以自己在电脑上下载吗？

客服：亲，您好，内附8G的内存卡，故事是可以自己手动下载的。

顾客：这个需要怎么下载啊？

客服：亲，说明书上都有操作步骤的哟。

顾客：你不知道怎么操作的吗？

客服：亲，不好意思，我也不是特别清楚，您需要根据说明书的操作步骤进行呢！

诊断：对于一些电子产品，客服一定要亲自操作，并为客户进行讲解，如果仅让客户参见说明书，会影响客户对产品的信心。

治疗：亲，这款儿童故事机的操作很简单的，如果您在电脑上下载资料，只需要将数据线插入电脑接口即可，十分方便。

通过以上三个例子，我们可以看出客服对产品不熟悉，在回答客户问题的时候闪烁其词，带来的最坏影响就是客户对这家店铺失去信心。客服除了要努力熟悉自家的商品之外，在和客户沟通的时候，一定要充满信心，不能含糊其辞，要多说肯定句，增加客户的购买欲。

2. 答非所问

问牛答马是客服和客户聊天时最忌讳的聊天方式之一。客户向客服咨询时，客服的答非所问会让客户觉得自己没有被尊重，也就不会有耐心继续和客服聊下去了。

[案例 5-4]

×××化妆品店

顾客：感觉这款涂脸上还不错!

客服：唇膏涂面部?

顾客：额，嗯。

顾客：我用面膜它会过敏啊，所以……

客服：哦，您护肤可以用用本店的，本店的护肤还不错，很适合您哟!

顾客：因为抗过敏?

客服：本店产品主要是针对敏感性肌肤的呢，可以很好改善和修护敏感肌肤的呢!

顾客：嗯~~我待会看看!

诊断：顾客问是否过敏，客服并没有在第一次回答，而是顾客问了两次之后回答，没耐心的顾客会很快走掉。

治疗：您的护肤品可以选择本店的，本店主要针对敏感性肌肤，可以很好地改善和修复您的肌肤。

[案例 5-5]

×××化妆品店

顾客：那个泡沫BB霜和这个隔离霜哪个比较好?

顾客：我有一些痘印。

客服：亲，这款的就是泡沫隔离BB霜哦。

客服：这款的泡沫型的可能更轻薄一些，不会阻塞毛孔哦。

顾客：好的

诊断：没有重点解释顾客最担心的问题，回答还是有点偏离了。

治疗：如果亲脸上有一些痘印，推荐这款泡沫型的BB霜，它的粉更轻薄一些，不会阻塞毛孔，而且遮盖效果也很好，您在使用时可以重点遮盖痘印。

[案例 5-6]

×××首饰店

顾客：请问下，这个项链戴在脖子上有多长呢？

客服：这条项链35 cm长。

顾客：哦，我的意思是这条项链戴在脖子上有多长？在脖子上的哪个位置？

客服：这条链子35 cm长，戴在脖子上大概是在锁骨的位置。

顾客：会不会有一点勒脖子啊？

客服：如果您觉得这款项链偏短，可以看看我们家的新款，链子的长度会长一些。

诊断：客服始终抓不到客户的疑问点在哪里，回答的风马牛不相及，甚至最后忽略了客人的问题，开始介绍新产品，大多数客户都会放弃继续交谈。

治疗：亲，这条链子长 35 cm，戴在脖子上大概在锁骨的位置，春秋天穿着厚薄适中的衣服也能展现出来。

3. 拒绝生硬

客服在接待客户的过程中，会遇到很多关于议价、包邮、送礼品、返现等问题的咨询。客服需要权衡其中的收益和支出，如果客户的要求没有办法一一满足，我们只能委婉拒绝，但拒绝也是一门学问。

[案例 5-7]

×××化妆品店

顾客：我想买你们店的洗面奶，亲，送什么小礼物呢？

客服：亲，单笔订单满100元以上才可以送礼物的哦！

顾客：什么都不给呀？

客服：亲，已经是最低折扣了哦！

诊断："才可以送"听起来生硬了一点，可以换一种更委婉的语句。

治疗：亲，满 100 元就有机会获得小礼物哦！

[案例 5-8]

×××书店

顾客：亲，价格方面再给优惠一点吧！

顾客：亲，你看我买这么多书，你就给包个邮吧！

客服：亲，不好意思，包不了邮的，因为书太重了。

顾客：我买这么多书都不能包邮啊？

客服：书籍实在太重啦，真的很不好意思，请见谅！

诊断：客服的语气太过生硬。我们拒绝客户要求时肯定有我们自己的原因，那么，在向客户解释的时候，最好把原因放在前面。

治疗：亲，图书的重量时常会超重的，超重部分的运费都是由我们承担的，亲只需要给首重快递费。我们真的不能包邮啦，请体谅！

[案例 5-9]

×××女装

顾客：亲，给我包个邮呗！

客服：亲，衣服已经是最低价了。因为是季末，都在亏本处理啦，真的包不了邮啦，请亲一定要理解啊！

顾客：亲，在你家买了很多次东西啦，就给包个小邮吧，下次还会来买的呀！

客服：亲，谢谢您对小店的支持，您买过很多次也知道我家衣服的质量是相当有保证的，包邮真的很为难我，给亲送一个店里的限量版小礼物怎么样？

顾客：这样的啊，那好吧！

诊断：十分正确的策略，值得每一位客服学习。

策略分析：客服常常会遇到议价、要求包邮的客户，这并不是因为客户缺钱或爱贪小便宜，客户的要求大多是为了寻找一个心理平衡："别人买成 10 元，我买成 8 元还能包邮！"换成是谁都会高兴的，所以客服一定要有自己应对的策略。

4. 避免和顾客对立起来

在工作中，客服一定要明白自己和客户的关系不仅是销售服务关系，还是推荐、分享的朋友关系，客服一旦与客户建立起彼此信赖的朋友关系，销售商品就会变得得心应手。

[案例 5-10]

×××化妆品店

客服：亲，在吗？产品可以退，但运费要自理，毕竟我们发出的时候是完好的，您退回来我们也销售不出去啦！

顾客：你们出售时，不打开封条看里面是否完好就发过来，没有责任的吗？

客服：亲，产品发货之前我们都会经过三道工序才会发的。如果发出前发现有问题，我们是不会给您发的。

顾客：那随你怎么说都行，我看到的就是口红封条没有拆，你们检查也是看外面，和我签收一样，你把卖不出去的东西给我，我肯定是不乐意的。

诊断：出现问题一句道歉也没有，这样一开始就和顾客形成了对立关系，以后维护就很难了。

治疗：亲，给您带来的不便真的很抱歉，我们的产品在发货之前都会经过三道工序的检查，您出现的情况我们会再次确认的，给您带来不便深感抱歉。

[案例 5-11]

×××话费充值店

顾客：我上午充的话费怎么到现在还没有到账呢？

客服：亲，我帮您向后台确认了，话费是充值成功的，麻烦您查询一下话费。

顾客：我查了啊！就是没有到账，你们怎么回事哦，是不是骗子哦？

> 客服：我们不是骗子！也给你查询了，的确是充值成功的！！！您可以再次查询一下，反正我们这里显示的确是充值成功的

诊断：面对客户的质疑，一开始就和客户对立起来，而不是耐心地解释劝导，这样的客服是非常不称职的。

治疗：亲，经过后台查询，您的充值记录是成功的，月初月末是充值高峰期，话费到账时间会延迟，请耐心等待。我们店是淘宝注册过的正规店铺哦，请亲放心。

5. 感恩之心

售前客服往往会遇到很多回头客。作为客服一定要心怀感恩，对于客户的信任和支持表达谢意，通过这样的方法可以加深客户的好感。

[案例 5-12]

×××化妆品店

顾客：亲，你家的这款水还有货吗？

客服：有的

> 顾客：好喜欢这个牌子的护肤品哦，我一直在用，都用了3年了，都在亲店里买的呢！
>
> 客服：如果亲喜欢的话可以先拍下哦，今天就能给您发货哟。

诊断：客户说自己已经购买使用产品3年，但客服对待老客户一句表扬、感恩都没有，对于维护客户关系是非常不利的。

治疗：亲，感谢您对我们家宝贝的信赖和支持，您咨询这款化妆水库存还有货呢，也是非常滋润的一款。

[案例 5-13]

×××化妆品店

顾客：亲，我想咨询一下你店里的水宝宝？

客服：亲，有什么问题您请说。

顾客：我想买一款我和宝宝都能用的喷雾。

客服：宝宝大概有多大呢？

顾客：八个月。

客服：嗯，都可以用的哦，不过喷雾不适合宝宝用哦。您可以看看水嫩的和儿童的，更适合宝宝哦。

顾客：好的呢~真贴心，谢谢了哟!

诊断：友善的提醒，可能提高客单价，但要注重专业化、贴心销售。

三、售前各流程的话术设计

繁重的工作量、大量的客户咨询会让客服身心疲惫。通过大量的调研分析，我们发现客户关心与咨询的问题有许多是重复的，基于这个特点，为了尽量减少客服的工作量，可以使用统一的销售话术。销售话术的统一可以降低客服的工作难度，形成规整性。我们将售前的一些话术进行了统一的整理（见表 5-1），希望对客服的销售有所帮助。

表 5-1 售前话术整理

话术分类		话术推荐
问候类	普通问候	A. 我是客服（涛涛），为您介绍今日活动：全场包邮（限大陆地区默认快递），满 300 送 150 优惠券，更多优惠向亲们招手，详情请看…… B. 亲爱的，非常荣幸与您相遇在××旗舰店，我是客服××，很开心和您一起选购！ C. 亲，您好，欢迎光临×××女装店，我是客服小绵羊，很高兴为您服务！
	个性化问候	A. 亲爱的，您知道××的最高购物机密吗？4.23—4.26 全场包邮，还有部分宝贝半价优惠哦，让阿童木带您一起破解密码，去寻找神秘优惠券吧！ B. 风吹起如花般的流年，而你的笑容，成为我生命中最美丽的风景。××客服欢迎您的到来，××选购一周一新款特价+精品热卖+夏装经典，更多惊喜向精灵们招手，详情请看首页。 C. 好久不见了呀亲，最近的您可是越来越漂亮啦！×家的美衣也上新了不少，欢迎您前来选购哟！【问候中带着顾客】

话术分类	话术推荐
转接类	A. 亲，真的很抱歉给您带来麻烦了，您的问题我将为您转接到售后登记尽快帮您处理，请稍候。【委婉转接可以避免加重售后纠纷】 B. 亲，真的很抱歉没能让您满意，请放心，我现在就帮您转到售后客服登记，相信我们的售后会帮您处理好的，请放心啊！【可以设置成快捷短语】 C. 亲，现在咨询量过大，请亲边看详细介绍边等一下莉莉，莉莉会尽快蹦过来回答亲的，感谢亲的理解，么么哒！
推荐类	A. 亲选购的这款衣服可是我们家的爆款宝贝哟，您还可以看看这条裙子，搭配起来肯定会更好看的。【推荐搭配】 B. 亲的眼光真不错，我个人也很喜欢您挑选的这款呢！【肯定顾客的选择】 C. 亲，这款采用优质的网纱面料，手感柔软，穿着舒适、奢华、性感，浪漫至极哦。
议价类	A. 亲，××是自产自销女装，无论面料、做工、手感、外包装，都是严格按照高档精品来做的。我们公司是自产自销，保证质量，中间没有乱七八糟的成本，价格已经是最实惠的了，没办法再少了哦。【真实报价，告知最低价】 B. 亲，我们都知道好货不便宜，便宜没好货。其实我们应该换一个角度来看，最好的产品往往也是最便宜的，因为您用的时间长，并且用得也舒适，第一次就把东西买对了，不用花冤枉钱，带给您的体验也好，您说是吗？【价值对比】 C. 偷偷告诉亲，今天页面藏有 300 减 50 的优惠券，快去找找吧，找到不要忘记告诉阿童木，好帮亲推荐属于您的那瓶精油。【快乐销售类】 D. 亲爱滴，我非常理解，在购买产品的时候大家都很看重价格，但是在整个产品的使用过程中，大家会更加在意这个产品的品质和店铺的服务的哦。 E. 亲，我们家的宝贝质量是很有保证的，俗话说一分钱一分货，您也可以对比一下其他店的宝贝，请您多多理解哦，需要的话请继续联系我哟，我叫小丸子。 F. 亲，这个本来就是促销价了，没有办法更便宜了，以后无论是您或者是您朋友在我家购物，我们都会给予不同金额的优惠！
催付类	A. 亲，您是付款遇到问题了吗？需要小丸子的帮忙吗？ B. 亲，在下午四点之前拍下付款，快递哥哥当天就能来拿货，您的包裹将以最快的速度奔向您怀里！ C. 亲，您拍下的这款宝贝今天正在大促销，赶紧拿下吧，错过今天可就恢复原价了呀！

续表

话术分类	话术推荐
订单确认类	A. 亲，麻烦您确认一下订单信息是否正确哟，如果信息正确，小丸子今天就能为您发货的。 B. 亲，我已经看见您支付成功啦！收货地址和收件人姓名都是准确无误的吧？
包邮类	A. 亲爱的，价格已经是品牌最优惠价格了哟，运费是快递公司收取的，实在不能包邮啦。如果是可以包邮的活动，我们会设置卖家包邮的哟。 B. 亲，您好，不同地区收取相应的费用，运费是按照快递报价设置的哟，不接受运费的议价哈。我们现在购买满 158 元包邮的哦，或者亲看一下有没有其他更喜欢的款式哈。 C. 亲，这款宝贝的重量已经超过了快递首重，我们会垫付超出重量的快递费，希望您能理解，您下次再来购物，一定会给亲更多的优惠的，祝您购物愉快哟！ D. 亲，很抱歉的，因为江浙沪距离发货地很近，但快递公司也有一定的发货包邮规定，抱歉，您所在的地区没有办法包邮，但小新也有小礼品送给您的，希望您能享受这次愉快的购物之旅。

---------------------------------- 课 前 自 测 ----------------------------------

一、单选题

1. _____是企业在顾客未接触产品之前所开展的一系列刺激顾客购买欲望的服务工作。（　　）

A. 售前服务   B. 售中服务

C. 售后服务   D. 顾客关系

2. 以下属于售前客服主要工作内容的是_____。（　　）

A. 查询快递单号   B. 回答顾客咨询并进行导购

C. 进行退款操作   D. 安抚收到商品后不满意的买家

3. 常用来形容衣服尺码的是_____。（　　）

A. S、M、L   B. G、KG

C. ML、L   D. PX

4. 客服常用的说服客户的技巧不包括_____。（　　）

A. 使用夸张的语言表情表示活泼热情

B. 树立对商品的自信心

C. 调节气氛，以退为进

D. 投其所好，以心换心

二、多选题

1. 客服的重要性体现在_____。（　　）

A. 塑造店铺形象   B. 能够提高成交率

C. 提升客户回头率   D. 能更好地服务客户

2. 以下可以帮助推动交易的方法有_____。（　　）

A. 只要是议价的问题都不回应，但是其他的问题很快解答

B. 解决客户所有购买疑虑后，发一个对方需要的商品链接，请对方拍下来

C. 引导客户说出购买疑虑，然后尽可能地想办法解决

D. 提前准备好网店常见问题解答，提高回应时间

3. 客户表示商品较贵要再考虑时，客服可以回复_____。（　　）

A. "好的，你再考虑看看吧，欢迎再次光临！"

B. "我们的商品已经是最低价格了，不议价，请去看看其他网店对比一下吧。"

C. "好的，我们会在今天下午 5 点对今日购买的订单准时发货，您如果喜欢的话，请尽快过来购买哦!"

D. "这款商品的确比××那款贵一点，但是它是最新款，功能十分齐全，质量上乘，就性价比来说是十分高的，很多客户也很喜欢这款商品。"

三、判断题

1. 售前客服的工作就是回答客户的咨询。　　　　　　　　　　　　( )

2. 客户不懂系围巾的方法，客服回答"没关系，亲多试几次就熟练了"，非常有助于提高客户体验。　　　　　　　　　　　　　　　　　　( )

3. 想要让客户购买店里的主推产品，可以在聊天工具中提前设置好促销信息。

( )

四、简答题

1. 如果你是服装行业的售前客服，买家咨询价格能否低点，你应怎样回答?

2. 当客户看到自己想买的衣服进店和客服交谈时，售前客服的销售流程是什么?

———————— 课中实训 ————————

任务一　售前客服的接待工作

【任务描述】

小李在收集信息时，网页弹出的一条商品信息引起了小李兴趣，于是他用旺旺向客服进行了咨询：他想了解这家网店的客服是如何工作的。交谈中，小李发现客服小刚非常专业，于是将自己的收获与主管进行交流，主管建议小李先重点了解下售前客服的工作内容。

本任务将重点围绕售前客服的接待流程来展开训练。

【任务目标】

学生能够写出售前的接待流程。

【任务需求】

1. PC 端信息设备/手机端设备；

2. 淘宝网平台：https://www.taobao.com/。

【任务实施】

熟悉售前接待流程、内容及注意事项，将售前客服需要完成的工作内容进行概括后填写在表 5-2 中，并对具体的工作内容和接待要注意的事项做简单介绍。

表 5-2　售前客服接待流程、内容及注意事项

项目	具体内容
售前客服接待流程	
售前客服需完成的工作内容	
售前客服接待注意事项	

任务二　常见售前问题案例分析

【任务描述】

小李是刚入职某网店的一名售前客服，在主管的培训下已经熟悉了售前客服的接待流程，但每天面对各种各样的咨询问题时，小李还无法很好地沟通解决，达到引导客户下单的目标，主管建议小李先整理分析常见的售前问题案例。

本任务将重点围绕常见的售前问题案例来展开分析训练。

【任务目标】

学生能够正确分析案例中售前客服的处理方式并解决问题。

【任务需求】

1. PC 端信息设备/手机端设备；

2. 淘宝网平台：https://www.taobao.com/。

【任务实施】

常见售前问题案例分析

步骤 1：图 5-8、图 5-9 是某个买家与卖家客服的聊天记录截图，请认真阅读并分析售前客服的处理方式是否恰当，并思考存在的问题。

图 5-8　聊天记录截图

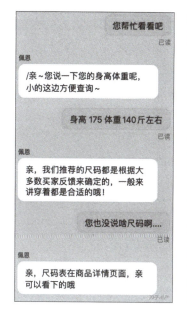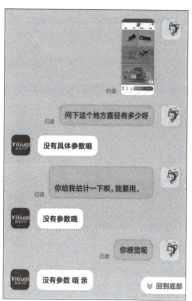

图 5-9 聊天记录截图

步骤 2：如果你是售前客服，你应该怎样处理这些问题？根据自己的分析与思考完成表 5-3。

表 5-3 售前客服案例分析表

案例中客服处理方法是否恰当	
如果案例中客服处理不恰当，说出存在的问题	

续表

你的处理方式	

任务三　售前接待话术

【任务描述】

小李通过整理分析常见的售前问题案例已经初步学会了面对客户咨询的处理方式,现在需要针对售前各流程制作话术,学会在客户咨询过程中回答客户的各种提问,令客户满意。

本任务将重点围绕设计售前各流程话术来展开训练。

【任务目标】

学生能够设计售前各流程话术。

【任务需求】

1. PC 端信息设备/手机端设备;

2. 淘宝网平台:https://www.taobao.com/。

【任务实施】

步骤1:售前客服在客户咨询过程中要回答各种提问,请模拟售前咨询接待,完成表5-4。

表5-4　售前接待话术训练表

序号	内容	客户咨询	客服话术1	客服话术2
1	打招呼用语	在吗		
2	对话语	请问您家这个是正品吗		
3	议价语	活动期间可以便宜点吗		
		为什么别家的比你们的便宜		
		多买有优惠吗		
4	支付用语	我可以用银行卡付款吗		

续表

序号	内容	客户咨询	客服话术1	客服话术2
5	物流用语	请问什么时候发货		
		能发顺丰吗		
6	结束用语	算了，等做活动再来买好了		
		希望早点收到宝贝哦，拜拜		

步骤2：完善"售前接待话术训练表"（见表5-4）中的客服话术。两人一组，分别读出"售前接待话术训练表"中的客户咨询和客服话术，并对客服话术进行完善。

心得体会

项 目 评 价

学生自评表

技能评价				
序号	技能点	达标要求	学生自评	
			达标	未达标
1	写出疑问解答、产品推荐、促成订单、订单细节确认，以及正面评价引导流程	能够正确写出解答疑问、推荐产品、确认订单细节及引导顾客下单的具体流程		
2	分析售前案例并解决售前问题	能够正确分析售前案例中的问题并提出解决办法		
3	设计售前各流程话术	能够写出不同售前流程的话术，正确地和客户沟通并促成订单		
素质评价				
序号	素质点	达标要求	学生自评	
			达标	未达标
1	独立设计和执行的能力	（1）具备一定的语言组织能力，并完成售前话术设计；（2）能与小组成员正常交流、沟通		
2	良好的职业道德和敬业精神	（1）具有一定的职业素养；（2）能坚持完成项目		
3	开拓创新思维，能够推陈出新	遇到问题能够独立思考与分析，并找到问题的解决办法		

教师评价表

技能评价				
序号	技能点	达标要求	教师评价	
			达标	未达标
1	写出疑问解答、产品推荐、促成订单、订单细节确认，以及正面评价引导流程	能够正确写出解答疑问、推荐产品、确认订单细节及引导顾客下单的具体流程		
2	分析售前案例并解决售前问题	能够正确分析售前案例中的问题并提出解决办法		
3	设计售前各流程话术	能够写出不同售前流程的话术，正确地和客户沟通并促成订单		

素质评价				
序号	素质点	达标要求	教师评价	
			达标	未达标
1	独立设计和执行的能力	（1）具备一定的语言组织能力，并完成售前话术设计；（2）能与小组成员正常交流、沟通		
2	良好的职业道德和敬业精神	（1）具有一定的职业素养；（2）能坚持完成项目		
3	开拓创新思维，能够推陈出新	遇到问题能够独立思考与分析，并找到问题的解决办法		

课后拓展

购买跑鞋

查看	聊天时长	(客服句数/客户句数)	总聊天行数	客服子旺旺	客户旺旺
▼	04分:14秒	5/4	9	旺旺店:cindy	b

2011-03-23 16:45:14　lulu: asics/××××女式黑色透气缓冲跑鞋 TN879-9090
2011-03-23 16:45:29　欢迎光临，客服Cindy为您服务，请问有什么可以帮到您的？/:^_^
2011-03-23 16:45:38　ralulu: 有男款吗
2011-03-23 16:45:54　dy: 亲 稍等！帮你查一下！
2011-03-23 16:46:51　ly: 亲 发个链接来可以嗯?
2011-03-23 16:47:09　lulu: http://item.tmall.com/item.htm?id=7436371386&is_b=1
2011-03-23 16:48:04　: 亲，这款不是我们家的喔！
2011-03-23 16:48:59　ba　lu: 可是这个牌子的
2011-03-23 16:49:28　ly: 嗯，我们没有这款鞋喔！亲可以看下其他有没有喜欢的！

图 5-10　聊天记录

[想一想]

图 5-10 是一家网店的客服与客户的聊天记录，这一案例中，客服和客户的聊天存在什么问题？应该如何解决?

———— 素养提升 ————

女子网购前后客服戏精变脸，消费者应该如何维权？

据头条新闻，2022 年 2 月 13 日，河南郑州王女士反映，去年 10 月，她在某电商平台某品牌旗舰店购买母婴迷你洗衣机，买之前店家客服承诺免费安装，安装时厂家却要收费。王女士称，购买前客服承诺不限时包异地安装，但她今年 2 月联系安装时，厂家却说她的洗衣机本身就不包安装，再加上超过 3 个月，所以要收费。王女士再次联系店家客服，对方却瞬间变脸：发表情敷衍，让王女士自己接水管。王女士表示，她希望公开此事，若对方有错，应向她道歉。

（资料来源：http://k.sina.com.cn/article_1750070171_684ff39b040013obh.html）

阅读上面案例，思考以下问题。

1. 对于网购店铺的商家来说，做好售前服务能为其带来哪些好处？

2. 一名合格的售前客服应该具备哪些品质？

 **总结反思**

设计售后话术

项目导入

据中国商务新闻网报道，"双 11""黑五""双 12"接连上演的三场消费狂欢仿佛耗尽了人们的购物欲，价格战、补贴战、直播战……在越来越"卷"的消费盛宴之后，售后服务环节质量也成为注重全方位购物体验的消费者们共同关注的话题。

网经社电子商务研究中心主任曹磊认为，电商行业在经历多年的竞争与迭代后，"商品+服务"一体化已是大势所趋，如何提升服务体验已经成为经济增长与结构升级的新方向。各平台都在开拓新的"潜在服务需求"，比如生鲜商品，京东提供"如果商品不新鲜，平台只退款、不退货"的服务。"服务体验也在'内卷'，但这种'卷'是值得鼓励的，它证明了服务将成为竞争力的重要组成部分"。

本项目将深入介绍售后接待流程、常见的售后经典案例分析、售后各流程话术设计等方面的知识。

教学目标

☞知识目标

1. 能够说出售后接待流程；

2. 能够分析售后经典案例。

☞能力目标

1. 能够制定售后接待流程；

2. 能够分析售后案例并且提出有效的解决办法。

☞素质目标

1. 培养抗压能力；

2. 培养独立分析解决问题的能力。

———————— 课前自学 ————————

认识售后

1. 售后的接待流程

① 在工作时间登录相应的售后平台账号,开始接待售后客户。

② 如果订单已经发货,但客户想要退货,客服首先需要联系快递公司撤回包裹,然后在售后登记表上登记退货理由和状态;然后打单员打出两联快件退回单,一联经快递公司工作人员签字后交回,另一联交给快递公司的工作人员,以便其根据单子上的信息及单号退回包裹;包裹退回之后,快递人员需要直接交给打单员,用包裹换回签过字的单子,打单员在售后登记表上签上"原包裹已收到"及自己的姓名和收件日期,再由售后客服处理后续退款问题。

③ 如果客户觉得商品质量有问题,售后客服应要求客户拍照证实,确定确实是质量有问题之后再给客户处理售后问题。

④ 客户要求退换货时,客服必须告诉客户一定要在确保产品没有破损、包装完整,而且在不影响二次销售的情况下,才接受商品的退换货。必须跟客户说明有质量问题的退货由商家承担运费,但是请客户先垫付退回的运费,商家在收到退货后会将运费返还到客户的支付宝或者微信账户;如遇到非质量问题,将由客户承担退回的单程运费。要告知客户必须填好售后服务卡或者写好纸条放在包裹里,要在纸条上写上客户自己的 ID、联系方式、退换原因,以及要更换商品的信息,和商品一起退回,退换货寄出后要告知售后客户退换货商品的快递单号。客户退换货的单号需要登记在售后的退换货表格上。

⑤ 退换货收到后,及时按照公司的退换货流程处理。

2. 售后经典案例分析

近日,淘宝某店主的宠物产品店接到了客户关于"卖家秀"与产品实际不符的投诉。该投诉客户称,其购买的鸟笼实际产品颜色与描述不相符。通过与该客户沟通,售后客服了解到,网店中的商品展示图背景是深褐色,映衬出不锈钢鸟笼为古铜色。客户在购买时,误以为鸟笼为古铜色,据此认定该店的商品与描述不符。售后客服随即向客户解释了其中的误会，安抚了客户情绪，并重新派件。

平息此事后，客服人员重新检查销售的各个环节，确保客户买得放心。在商品展示上，店铺更换了原有的展示图，新的展示图不像其他淘宝店图片那样过分处理，而是在背景搭配上下功夫，努力展现产品的原色。

售后客服需要及时地回复客户的疑问，面对这些问题，要秉承客户至上的理念，面对客户提出的质疑，需要分析客户对商品提出质疑的原因，积极处理好客户提出的问题，不拖沓，不埋怨，解决客户的后顾之忧，从而提高成交率。

课前自测

一、单选题

1. 售后服务页面一定要展示_____。（   ）

A. 签收注意事项   B. 服务能力

C. 服务网点   D. 退换货流程图

2. 小军是一家天猫店铺的售后客服，某天一名客户反映自己的商品被物流弄丢了，小军怎样处理可以把客户与店铺损失降到最低？（   ）

A. 首先安慰客户，然后查询物流走件记录是否有异常，无论快递公司是否有异常都立刻给客户安排补发商品，再次致歉

B. 首先安慰客户，然后查询物流走件记录是否有异常，但是明确告知客户，店铺使用的快递非常可靠，从来没有丢件记录，肯定不会丢件并且再次致歉

C. 首先安慰客户，然后查询物流走件记录是否有异常，如果有异常，与物流公司核实后安排仓库补发给客户，追回异常快递（或与快递公司商讨赔偿），再次致歉安抚客户

D. 首先安慰客户，然后查询物流走件记录是否有异常，如果有异常，与物流公司核实后追回异常快递（或与快递公司商讨赔偿），追回货物成功后，再补发给客户

3. 作为卖家，需要通过物流跟踪信息来判断货物风险属于买家还是卖家，在买家签收之前，货物丢失或者损毁的风险，由_____承担。（   ）

A. 物流公司   B. 菜鸟驿站

C. 买家   D. 卖家

4. 某非包邮产品，客户因"质量问题"申请退货，运费由_____承担。（   ）

A. 来回邮费均由客户承担

B. 来回邮费均由卖家承担

C. 卖家寄出的邮费由卖家承担，客户寄回来的邮费由买家承担

D. 卖家寄出的邮费由卖家承担，客户寄回来的邮费由双方各承担一半

二、多选题

1. 小宇是一家店铺的售后查件客服，经常有客户咨询为什么没有收到产品或者物流信息有误，下列处理方法错误的_____。（　　　）

A. 告知客户快递的电话号码，让客户自己催促即可

B. 不查询任何信息，根据经验判断直接告知客户等待即可

C. 告知客户，物流属于第三方合作，不在自己能力可控制的范围内，让客户耐心等待，如果实在着急，就让客户自己投诉物流公司

D. 先根据客户提供的订单号帮助客户查看物流情况，确认是否属于物流异常，如果是物流异常，则安抚客户帮助客户跟进；如果不属于异常，安抚客户让其耐心等待

2. 以下不支持"退货"的产品包括_____。（　　　）

A. 虚拟产品，如话费充值卡、游戏点卡、Q 币等

B. 景区门票

C. 卫生用品用具

D. 药品、医疗器械

E. 手表、手机等电子产品

3. 买家咨询："贵店可以开发票吗?"以下回答正确的是_____。（　　　）

A. 亲，您好，可以开发票，但需要您支付税点哦

B. 亲，可以的。请您拍下时把发票抬头（即公司名称）写在"给卖家留言"栏里面，买家不留发票抬头的视为不需要发票哦

C. 亲，可以开发票。发票金额为商品实际支付金额（不含淘宝积分和运费）

D. 亲，您好，非特价商品才可以开哦，谢谢您的理解

三、判断题

1. 良好的售后服务，能给客户带来完整的购物体验，能积累网店的品牌效应。

（　　　）

2. 有的企业将售前和售中的工作都分配给售中客服，售后客服仅负责商品出售后出现的问题。　　　　　　　　　　　　　　　　　　（　　）

3. 由于个人原因不喜欢而要求退货，退货运费应由客户承担。　（　　）

四、简答题

1. 卖家可以修改中差评吗？修改评价可以改几次？

2. 针对无法解决的中差评，卖家应该怎么做？

—————————— 课中实训 ——————————

任务一　制定售后接待流程

【任务描述】

在电商系统中，订单售后是整个平台系统重要的组成部分之一，好的售后服务能够极大提升用户对于整个电商产品的用户体验，提高商家口碑。产生售后的原因很多，包括产品本身的问题、物流时效、配送员服务态度等，平台能做的就是设计一个高效的售后流程，以便快速响应用户的售后申请。假如你是一家大型电商公司的客服主管，现在公司招了一批大学应届毕业生来当电商售后客服。现在正临近"双 11"购物节，需要这批应届毕业生快速适应电商售后客服这个岗位。

现在，作为客服主管的你需要在培训的同时制作一套完善的客服售后接待流程，让新来的同事快速适应并且进入到这个岗位的工作状态。

本任务将重点学习电商客服售后接待流程中的取消订单、退款、退货、换货等知识。

【任务目标】

学生能够正确写出售后接待流程。

【任务需求】

1. PC 端信息设备/手机端设备；

2. 淘宝网平台：https://www.taobao.com/。

【任务实施】

1. 取消订单

步骤 1：以小组为单位（2~4 人），用手机进行实操，参考图 6-1 所示的某商品的订单详情页，找出淘宝取消订单的两种方式。在表 6-1 中描述一下取消订单两种方式的不同。

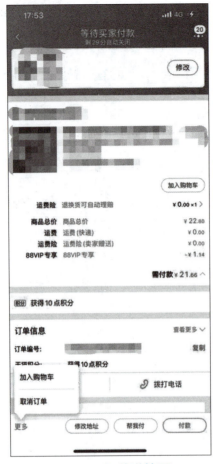

图 6-1 订单详情页

表 6-1 取消订单的两种方式

取消订单的两种方式
1. 主动取消:

续表

2. 被动取消：

步骤 2：以抽签的方式，随机选择小组，详细回答两种方式的不同点。可抽取多组。

2. 退款流程

步骤 1：分析图 6-2 和图 6-3，使用手机分别操作未发货和已发货状态下的退款流程，体验有何不同并完成表 6-2。

图 6-2　订单详情页截图

图 6-3　订单详情页截图

表6-2　未发货商品和已发货商品退款分析表

未发货情况下的退款流程	
已发货情况下的退款流程	
未发货和已发货的不同点	

步骤2：分析图6-2、图6-3，在订单待发货、待收货、交易成功三种状态下发起退款的流程中，哪个状态下的退款效率最高，并将分析结果填入表6-3。

表 6-3 不同状态的商品退款效率分析表

以小组为单位分析订单待发货、待收货、交易成功的退款流程中哪种方式最有效。

3. 退货流程

根据以下关于退货流程的详解，参考图 6-4 和图 6-5 制作一份退款流程图。

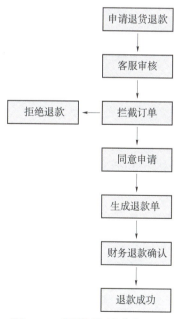

图 6-4 退货退款流程图 1

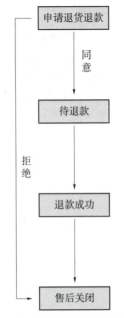

图 6-5　退货退款流程图 2

　　在客户提交退货申请后，系统会自动生成退货单，如果商家接入了 ERP 系统，则会在 ERP 系统中创建退货单，待退货商品确认签收且确定与客户描述一致后，退货单流转为完成。退货操作完成后，系统生成退款单，如果需要财务人员审核则进入人工审核步骤，审核同意后则退款完成，售后流程结束，售后状态更新为售后成功。

　　值得一提的是，在退货入库流程，如果退回的商品和客户描述的不一样则会进入客服介入流程，由客服与客户继续协商售后解决方案。若同意协商方案则修改售后金额，若不同意协商方案则退回商品，关闭售后订单。

　　同样的，退货的流程也需要根据售后的流程运转。用户申请售后退货，若申请被拒绝，则结束售后状态，售后状态为售后关闭。若申请同意则等待客户填写订单退货，客户填写退回信息后等待至货物入库的状态，确认退货被签收后则会进入待退款状态，财务人员审核同意则售后结束，售后状态变为售后成功。

　　需要注意的是，等待客户退货或者待退货入库两种状态都需设置好时间限制，一般是 7 天或 14 天，若超过时间未反馈或超时未入库，则会自动关闭售后订单，进入售后关闭状态。

　　综上，客户退货时的操作大致可分为 3 个步骤（见图 6-6）。

（1）申请退货退款。

（2）寄出货物。

（3）填写物流信息。

图 6-6　申请退款截图页面

商家的操作大致可分为 5 个步骤。

（1）审核退货申请。

（2）下发仓库退货入库单。

（3）客户收货确认。

（4）客户退货确认。

（5）退款。

请将你设计好的退货退款流程填入图 6-7 中。

4. 换货流程

根据以下关于换货流程的详解，制作一份换货流程图。

在订单待收货、交易成功两种状态下都可以申请换货售后。一般的流程是客户先发起换货申请，由客服来审核申请，若拒绝换货则需填写拒绝理由，本

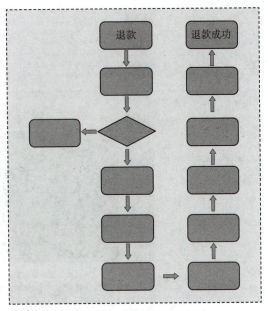

图 6-7 退货退款流程图

次售后流程结束，售后状态转为售后关闭。若客服审核为同意换货，则等候客户提交换货信息，提交信息后可生成换货单。换货申请界面如图6-8所示。

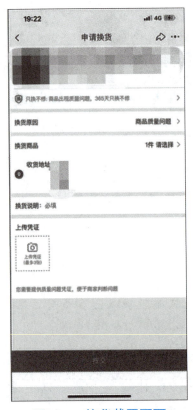

图 6-8 换货截图页面

若商家接入了 ERP 系统，则会在 ERP 系统中创建退货单，等待商品入库之后，如货物和买家描述一致，则退货流程结束。此时 ERP 系统会自动生成换货出库单，仓库工作人员根据出库单发货，发货后换货流程结束，售后状态为售后成功。

我们可以发现，换货类型的售后就是在退货售后的基础上增加订单发货的流程，换货可以简单理解为退货和发货业务的相加。

换货流程主要分为 6 个步骤：

（1）登录淘宝账号并进入"已买到的宝贝"页面。

（2）选择要换货的商品并点击"申请换货"。

（3）填写换货申请并提交。

（4）等待卖家处理换货申请。

（5）按照卖家要求退回商品。

（6）等待卖家发出新商品。

请将你设计的换货流程填入图 6-9 中。

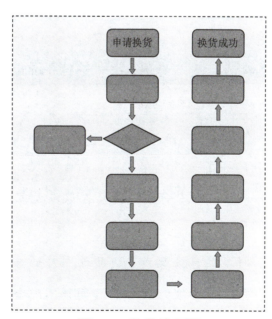

图 6-9 换货流程图

任务二　常见售后问题案例分析

【任务描述】

售后工作不仅仅是针对消费者，同时也在为整个企业的提升做支持。比如消费者在评价中反馈某款产品掉色严重，那么售后部门应该把信息反馈到产品部门，产品部门则应采取相应的措施改善此情况。所以，售后也是整个店铺的监督者，利用数据反馈出来的问题，提升整个店铺的业务水平。作为客服人员，不但需要优秀的业务能力，还需要分析客服案例的能力，从一些典型的案例中提炼出优点和缺点。

本任务的重点是电商客服售后案例的分析。

【任务目标】

学生能够分析售后案例。

【任务需求】

1. PC 端信息设备/手机端设备；

2. 淘宝网平台：https://www.taobao.com/。

【任务实施】

以小组为单位（2~4人）对［案例 6-1］进行分析讨论，每个人都发表自己对该案例的看法，并写下自己的分析。

［案例 6-1］

买家 A 在卖家 B 处购买了一件汽车用品，检查发现，货物包装及产品成分说明与卖家网上的商品详情描述不一致。买家 A 联系卖家 B 售后时，卖家不但不配合进行售后处理，服务态度也非常不友善。在卖家 B 处得不到解决方案后，买家 A 进行维权，将商品包装及成分说明的图片一并上传至维权系统。在维权系统工作人员联系卖家 B 处理时，卖家 B 同样不配合投诉处理，并且不肯承担售后服务责任。

（1）在上面案例中，售后客服犯了什么错误？

（2）为避免此类违规，卖家应注意哪些问题？

任务三　售后各流程话术设计

【任务描述】

服务客户是一个商家最基本也是最重要的功能。好的服务能保证买家在第一时间快速联系到卖家，并能从品牌层面给买家带来品牌体验，从而增强买家的信任感。从服务层面看，这就比如一个商场的导购员承担着解答客户问题的重要责任，是连接其商家和买家的最重要的一道桥梁。一个专业的客服，加上专业的介绍话术，可以为商家带来更高的成交额。现在，你作为一名优秀的售后客服人员，需要给新来的同事培训售后话术。

本任务的重点是电商客服售后的话术设计。

【任务目标】

学生独立设计出不同需求的售后话术。

【任务需求】

1. PC 端信息设备/手机端设备；

2. 淘宝网平台：https://www.taobao.com/。

【任务实施】

对［案例6-2］进行分析。

［**案例6-2**］

G：有人在吗？

K：您好，我是客服8号，很高兴为您服务，有什么我可以效劳的？+笑脸表情

G：这都多少天了，我东西还没收到，你们怎么搞的？！！

K：十分抱歉，耽误您时间了，稍等一下我查查物流信息。

G：速度！！！

K：您好，刚查了物流信息，货已经到您当地了，可能还没有给您派送。

K：这样，我们现在联系快递公司，问问具体情况，然后回复您，争取尽快给您送到。

K：实在抱歉，由于快递的问题，耽误您时间了。

G：尽快吧……

K：嗯，感谢您的理解，十分抱歉，给您添麻烦了。（通常，这样一段对话后，顾客的气已经消了一大半，现在客服需要做的是言出必行，由自己或者售后客服联系快递公司，核实信息，弄清楚具体情况后，给客户一个答复，最好是通过电话告知客户目前的状态，让客户感受到商家在很真诚很积极地解决问题。）

根据之前所学的知识设计三套关于退款、退货、换货的客服售后话术。

心得体会

项目评价

学生自评表

技能评价				
序号	技能点	达标要求	学生自评	
			达标	未达标
1	说出电商售后服务的重要性	语言表达清晰，能抓住电商售后客服的特点		
2	写出电商售后客服的各种接待流程	能够明确写出售后客服应对各种情况的流程		
3	能够对经典售后案例进行分析	（1）思路清晰，语言表达流畅；（2）能够说出电商售后客服接待流程的关键点		
素质评价				
序号	素质点	达标要求	学生自评	
			达标	未达标
1	良好的抗压能力	（1）具备一定的语言表达能力；（2）能与小组成员正常交流、沟通		
2	良好的独立分析、解决问题的能力	遇到问题能够做到独立思考与分析，并能够找到问题的解决办法		

教师评价表

技能评价				
序号	技能点	达标要求	教师评价	
			达标	未达标
1	学生能够设计售后接待话术	思维清晰，态度良好，能够应对客户的各种问题		
素质评价				
序号	素质点	达标要求	教师评价	
			达标	未达标
1	良好的抗压能力	（1）具备一定的语言表达能力；（2）能与小组成员正常交流、沟通		
2	良好的独立分析与解决问题的能力	遇到问题能够独立思考与分析，并找到问题的解决办法		

课后拓展

羊毛衫水洗问题

顾客：在不在？

客服：在的，亲。有什么可以帮您呢？

顾客：你们卖的是什么垃圾羊毛衫，还卖得这么贵，简直就是个黑心店铺！

客服：非常抱歉，亲，有任何问题我们一定帮您妥善解决，您能说一下具体的情况吗，亲？

顾客：还有什么具体情况，收到的时候好好的，结果洗过之后缩水变形！！！！根本就不能穿了！我要退货，赔钱！！

客服：亲，再次向您道歉，我们店铺的货品都是经质检部门检查过的，也不排除的确有一些没有检查到的意外情况，如果是我们的问题，我们一定承担。

顾客：好吧，确实是衣服的问题，样子我都很喜欢，可是已经穿不进去了。

客服：您刚刚说洗过后有缩水变形，请问您是如何清洗的呢？

顾客：就放在洗衣机里面洗的呀。

客服：亲，羊毛衫由于其材质的原因是不能水洗、机洗的哟。如果一定要水洗，要在冷水中浸泡 10~20 分钟，再放入洗涤剂溶液中轻轻揉搓，再用清水漂洗干净，拿出后挤干，用网兜晾晒，这样才能防止缩水变形的。

顾客：啊？可是买之前也没人跟我说呀！

客服：亲，这些注意事项我们在宝贝详情页里面已经用加粗红笔注明过的呢，衣服的领标上也有不可水洗的字样哦，应该是亲太喜欢这件衣服了，当时抢拍的时候没有注意到呢。

顾客：刚刚看了领标，确实写着不可水洗，抱歉，错怪你们了，唉。

客服：没关系的亲，谁都有不仔细的时候，下次注意就可以啦~现在这款羊毛衫有老客户回馈的活动，二次购买可以减 5 元哦~如果您喜欢的话，可以再拍一件哦~

顾客：嗯嗯，那我再拍一件吧。

客服：好的呢，我这边也通知一下仓库，给您送一份神秘小礼物哦~

[想一想]

案例中，这一订单成功的原因是什么？

—— 素养提升 ——

促销显示买三免一，用户投诉商家未兑现免单承诺

2021 年 5 月 10 日，湖北省的郭女士向"电诉宝"投诉称自己于 4 月 15 日在某店铺购买了三单面膜，促销显示买三免一，说收货后随机一单减免，免单金额会返还到平台的账号余额里。后来郭女士表示，收货近一个月期间催促客服三四次，客服都说尽快处理但是事情一直没有得到解决，还有今天联系客服，客服态度不好。

部分商家通过虚假宣传手段吸引消费者关注并购买商品。这种不实宣传对消费者形成误导，不仅透支了消费者对商家的信任，更对市场秩序和行业形象造成了负面影响。

（资料来源：https://www.sohu.com/a/469778751_120583529）

阅读上面案例，思考以下问题。

1. 售后客服应具备怎样的职业道德观？

2. 如果此次投诉的后续事件交给你来处理，作为售后客服，你应该怎样挽回客户的信任？

客服数据化管理

项目导入

数据信息化时代，市场竞争日益激烈，数据分析已成为企业运营的一项常规基础性工作。企业可利用数据挖掘市场机会，洞察客户需求，提高运营效率。

随着美妆线上流量红利消退，买家关心的不仅仅是价格的优惠，更多的是关心购买体验，对线上服务要求也越来越高。可见，影响买家光临的主要因素就是服务质量。

本项目将深入介绍客服数据表格的注释与分析、客服绩效考核表格的设计与制作、客服聊天记录质检、客服团队搭建与培训等方面的知识。

教学目标

☞ 知识目标

1. 能够解释客服数据表格的作用；
2. 能够描述客服绩效考核表格的制作步骤；
3. 能够解释绩效考核数据的重要性；
4. 能够解释聊天记录质检的重要性；
5. 能够说出客服团队的组建流程与培训内容。

☞能力目标

1. 能够注释客服数据表格；

2. 能够设计客服绩效表格；

3. 能够分析绩效数据；

4. 能够找出聊天记录中错误的话术；

5. 能够组建客服团队。

☞素质目标

培养团队协作精神。

────────── 课前自学 ──────────

一、注释客服数据表格

1. 客服数据表格的作用

客服数据作为客服岗位精细化运营的隐形金矿，对岗位的科学管理和监督起着重要作用，也是公司制定政策和计划的主要依据。对处在快速成长中的电商客服来说，作为直面客户的第一人，必须时刻关注每日客服工作内容的变化，随时准备调整战略战术以适应电商客服的岗位；如果是客服组长，还必须依靠电商客服数据表格，时刻盯着内部团队，随时调整和救火。

客服数据表格中的数据统计和直观的工作数据，可以帮助客服进行服务数据统计和客户全方位洞察，为量化电商客服工作提供支持，让电商客服更契合客户的所需所想。

2. 客服数据表格的分类

（1）售后综合登记表

针对不同店铺所出现的不同问题的解决进行分类记录管理，并实时跟进。

（2）异常物流登记表

避免因为物流原因产生不必要的售后纠纷和中差评，实时跟进物流信息，一旦出现问题，及时处理，大大缩短了原本的买家—客服—物流三者之间沟通的过程。

（3）仓库退换货登记表

登记退换货商品，对订单进行跟踪处理，并且记录退换货原因，方便分析商品存在的问题并及时反馈，从根本上掌握出现问题的原因。

（4）质量问题登记表

通过仓库退换货登记表的内容筛选出有质量问题的商品进行统一登记，及时联系买家进行关怀协商并反馈库房和厂商，避免造成更大损失。

（5）客服绩效考核表

该考核表用于规范公司网络客服部日常销售工作，明确工作范围和工作重点，使公司对客服部门工作进行合理掌控并明确考核依据。

二、客服绩效考核表格的设计与制作

客服绩效考核指标是员工工作业绩、工作能力的量化形式，通过对各个量化指标的考量可以体现客服人员的工作业绩、能力和态度。基于客服岗位自身的工作性质和工作内容，需要设计一个合理的客服绩效考核表。常用的客服绩效考核表如表7-1所示。

三、客服绩效数据分析

客服绩效数据分析，主要是对销售额、销售量、销售人数、订单数以及个人销售额占比等参数进行分析。

表7-1　客服绩效考核表

月份	考核指标		分数	权重	考核标准及计算方式	目标数据	实际完成数据	提成/元	本月得分	被考评者签字	备注
××客服考核指标	人事指标	考勤	5	5%	当月无请假、无迟到（漏打卡2次以内），得5分；当月事假或迟到天数多于加班假，得0分	5分					
	得分指标	询单转化率	40	40%	45%（不含）以上，询单转化率为每增加5%，绩效得分在40分的基础上增加5分，比如转化率为55%，则该项指标得分为50分，以此类推，没有上限；40%（不含）～45%（含），得40分；35%（不含）～40%（含），得30分；30%（含）以下，得0分	40%～45%					

续表

月份	考核指标			分数	权重	考核标准及计算方式	目标数据	实际完成数据	提成/元	本月得分	被考评者签字	备注
××客服考核指标	得分指标		问答比	10	10%	200%（含）以上，得10分；10%～200%（不含）以下，得0分	200%					
			平均响应时效	20	20%	10秒（不含）以下，得20分；10（含）～20（不含）秒，得15分；20（含）～30（不含）秒，得10分；30（含）秒以上，得0分	10～20秒					
			3分钟回复率	20	20%	100%，得20分；99%（含）～100%（不含），得15分；96%（含）～99%（不含），得10分；96%（不含）以下，得0分	100%					
			服务态度维权投诉	5	5%	本月无任何由客服态度、服务、行为过失等导致的维权投诉或差评，为5分；由客服态度、服务、行为过失等导致维权投诉，投诉一次为0分；由客服态度、服务、行为过失等导致的差评，一个差评扣1分	5分					
	提成指标		客服销售额			按该客服本月在天猫旗舰店、京东旗舰店、京东专营店、拼多多旗舰店4家店铺的销售额总和，以6%的比例提成。得分=该客服本月销售额总和×0.06=本月总提成（提成无封顶）	无					
	合计								考评者签字			

1. 销售指标

销售额：指通过店铺客服服务成交的消费者，在所选时间内付款的金额。

销售量：指通过店铺客服服务成交的消费者，在所选时间内付款的商品件数。

销售人数：指通过店铺客服服务成交的消费者，在所选时间内付款的人数。

订单数：指通过店铺客服服务成交的消费者，在所选时间内付款的订单数。

个人销售额占比：个人销售占比＝店铺客服的个人销售额/客服团队销售额。

2. 客服销售分析

（1）客服销售量占总销售量的比例

店铺总销售量，是指在一定时期内店铺交易成功的商品的数量，由静默销售量和客服销售量两部分组成。一般情况下，客服销售量达到店铺总销售量的60%是比较正常的水平。

客服销售量占店铺总销售量的比例主要用于考查客服的销售能力，其中包括客服对商品的熟悉度、服务态度、销售话术和技巧等各个方面，是客服综合能力的表现。

（2）客服之间销售量的对比

客服之间销售量的对比是衡量客服人员工作效率与工作态度的方法之一。用数据作为客服人员之间业绩对比的标杆，可以更加准确地判断客服的工作效率。

四、客服聊天记录质检

随着电商的发展，客服也变成一个热门的岗位。客服在大家的心目中，是最会说话的一群人，可是在实际咨询服务中，不会说话的客服比比皆是。仅有服务的意识，没有服务的方法是不行的，缺乏沟通的技巧，更是客服工作的大忌。

说话是门艺术，我们首先要摒弃那些错误的聊天方式，好好说话。这里我们通过客服实际的工作场景来分析聊天过程中存在的问题，并针对每种问题给出应对策略。

1. 未使用礼貌用语

[案例 7-1]

客户：面料是微弹的还是弹性很大的？

客服：我也形容不了。

客服：你收到看下就好了。

客户：能拉伸多少呢？

客户：你家打底裤你都不知道吗？咋做生意的呢？

客服：大哥，你不是来买衣服的，是来挑事的。

【聊天问题】

客服一般都用"亲"来称呼客户，有些客服会用个性的称呼，如"小仙女""小姐姐"，也有些客服用"您"这样的尊称，这些都是可以的。但本例中，客服用"你"这样的称呼，显得没有礼貌，而且指责客户挑事，也是种不礼貌的行为。网购的客户摸不着实物，客服应该明确回答客户的问题。

【应对策略】如［案例 7-2］所示。

[案例 7-2]

客户：面料是微弹的还是弹性很大的？

客服：亲，咱们这款打底裤是高弹性的。

客户：能拉伸多少呢？

客服：我们做过测试，150 斤以下的姑娘穿还是有余地的。

客户：会太勒吗？

客服：亲，请放心，这种四面弹的材质的弹性非常大，穿上只有轻微的束缚感，能显得腿更细，但不会有很强的压迫感。

2. 响应不及时

[案例 7-3]

客户：这一个也包邮吗？

客户：我看运费显示是 10 元。

客户：？

客户：在吗？

客服：您在哪个省？

【聊天问题】

如果说之前的客户是利用碎片化时间来购物的，那现在的客户可以说是在利用"粉末化"时间购物了，网络使客户越来越习惯于即时反馈。

出于反馈刺激，如果客户没有在第一时间得到反馈，就会感到不开心，就会丧失购物意愿，就会选择离开或者到其他店铺购物。

如果像本案例中的客服那样响应迟缓，客户早就不知道是去刷抖音、看直播，还是去其他店铺购买了，根本不会等客服回复再购买。响应不及时导致的大量客户流失，是最可惜的询单损失。

【应对策略】

店铺应对首次响应时间和平均响应时间做出明确规定，客服应在规定时间内完成回复，否则将被扣分。

3. 滥用快捷短语

[案例 7-4]

客户：今天拍能不能今天就发货？

客服：亲，仓库按付款顺序发货，下单48小时内肯定会发出呢，排到您的订单时，我们一定会第一时间为您发出。

客服：亲，由于活动量大，不出意外的话，我们会在48小时内按照拍下的先后顺序发货，希望亲耐心等待！！

客服：亲，喜欢可以拍下，我们可以当天发货。

【聊天问题】

每个店铺都有用于回复客户提出的高频问题的快捷短语，可是在本案例中，客户问是否可以当天发货，客服的回复却颠三倒四，开始承诺48小时内发货，一会儿又说活动量大，可能会有意外情况，最后却强调可以当天发货。滥用快捷短语的情况除了本案例所示的前后不一致外，还有频繁使用同一快捷短语、使用无针对性的大段快捷短语、使用有违规词的快捷短语等，出现这些情况都应该扣分。

五、客服团队组建与培训

1. 客服团队组建

客服团队的组建流程如图7-1所示，位于首位的便是对新员工的培训，其中包括对店铺情况的介绍、轮岗培训以及专业技能培训，可见客服培训是客服迅速上岗的有力保障，对客服团队的组建具有重要的意义。

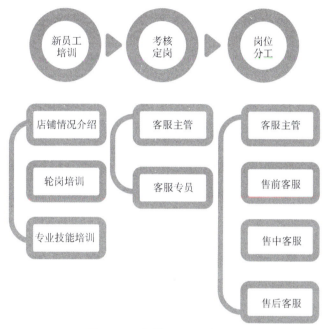

图7-1 客服团队组建流程

2. 新客服入职培训

（1）心理建设

新客服首先要做的就是岗位心理建设：工作中是否可以应对需要承受的压力；遇到困难，是否可以坚持；遇到问题，是否愿意学习等。对于每个问题，客服主管都可以设置一些具体的场景，让新客服自由发挥，看看他们的解决方案。

了解自己的优势和不足是非常重要的，新客服要认识到自己不是无所不能的，要保持认真学习的态度。对在这个环节放弃的新客服，不用可惜，而应感到庆幸，因为即使让其上岗，客服主管也会变为保姆型的管理人员，需要解决他的各种情绪问题。对于选择继续坚持的人员，再来说以下几个方面的内容。

① 团队纪律：每个人在团队中的重要作用。

② 服务意识：服务岗位对店铺的重要性。

③ 岗位职责：客服具体要负责的工作范围。

④ 绩效考核：做得好与做得差的差距在哪里。

一个人只有认同自己工作岗位的价值，才会用心工作。通过心理建设测评的人不会在该准备的时候吊儿郎当，该负责的时候临阵脱逃，该竞争的时候选择低调。

（2）岗位学习

客服岗位的基础培训，服务方向不同，其培训方式也有所区别。

常见的学习内容包括：

① 平台规则。

② 淘宝后台的操作。

③ 千牛工作台的应用。

④ 商品知识。

⑤ 店铺工作流程。

平台规则需要能够背诵，并明白应用场景。客服应对规则形成敏感的触发点，只要遇到规则关键词，就会条件反射地警惕起来。

对淘宝后台和千牛工作台的学习，关键在于实操应用。学习工具不能纸上谈兵，应在培训时直接实操，否则老师一个人激动地说半天，等上岗分配账户登录工作台后，新客服仍然可能会手忙脚乱、忘记操作。

学习商品知识和店铺工作流程最好的方式是自我学习。例如，让大家自己整理产品手册和店铺工作常见知识点，这样才会印象深刻。还可以让新客服站在客户的角度，整理出一个产品需求手册，这样可以在回答客户的问题时更有针对性。

背诵、实操、整理是 3 种不同形式的学习方法，但都行之有效。客服主管应组织不同形式的学习，制定清晰的学习目标，学习过程既要有小挑战又要有积极的反馈，单纯的填鸭式培训效果甚微。

（3）技能培训

新客服入职培训最核心的就是技能培训。优秀的客服不是一两天就能培养出来的，技能培训是一个长期训练和实践的过程。常见的销售环节是进门问候—商品推荐—商品议价—关联销售—追单催付—告别收藏，每个销售环节都包含着不同的服务场景，我们以商品推荐来举例。

如何介绍商品才能打动客户？

如何应对客户对商品的质疑？

客户对比别的店铺的商品，如何应对？

客户要求客服推荐尺寸、颜色，如何应对？

商品缺货，应如何进行关联推荐？

……

技能培训和基础培训是有差异的，技能培训时可以进行角色扮演，让客服以客户的身份感受客服不同的处理方式下自己购物决策和心态的变化。俗话说"己所不欲，勿施于人"，你不喜欢的服务方式，客户必然也是难以接受的。不管是上岗前还是上岗后，客服能力的提升，都少不了培训、实操和反馈。让客服闭门造车，不进行系统的培训是不行的；同样，不断地培训，却从不检验执行结果，也是不行的。

课前自测

一、单选题

1. 数据在生活中的应用随处可见，是进行_____的基础。（　　）

A. 估计、分析和归纳　　　　　　　B. 测量、评估和预测

C. 分析、评估、归纳　　　　　　　D. 测量、分析、预测

2. 客服类岗位对数据的运用主要包括：承担客服工作的专员对客户提出_____的响应，搜集客户的需求、建议，并在销售中分析_____等数据，为客户推荐相同价位的商品。（　　）

A. 沟通、客户购买信息　　　　　　B. 疑问与建议、客户浏览数据

C. 疑问与建议、客户购买信息　　　D. 沟通、客户浏览数据

3. 投诉相关的问题是指客户对_____、产品数量等不满，对店铺或者平台提出投诉。（　　）

A. 产品属性　　　　　　　　　　　B. 产品特点

C. 产品质量　　　　　　　　　　　D. 以上都对

4. 买家咨询"这个包邮吗"，正确的回答是_____。（　　）

A. 亲，不同的宝贝邮费设置不一样，您拍下时可以看到邮费哦，如果邮费显示 0 就表示包邮的哦

B. 亲，我们不包邮的

C. 亲，我们所有特价促销的宝贝都不包邮的

D. 亲，我们只是省内包邮，外省不包邮

二、多选题

1. 某网店的生意一直不好，后来虽然请人专门照顾网店，也一直没有起色，最后只能关闭网店。该网店闭店的主要原因包括_____。（　　）

A. 缺乏对数据重要性的认识　　　　B. 数据分析人才的缺失

C. 企业还没有到达这个需求　　　　D. 企业投入预算不足

2. 客服在与买家的沟通过程中，不同情景都有相应的话术规范格式，其中，纠纷处理话术的基本格式中包括_____。（　　）

A. 品牌宣传   B. 问候

C. 解决方案   D. 致歉

3. 售后处理是客服最繁忙的工作内容，也是客服的主要工作之一。处理客户投诉时采取的策略包括_____。（　　　）

A. 认真、耐心地听取投诉并记录细节

B. 进行客户分类处理

C. 积极回应，及时做出解释

D. 及时道歉，安抚客户情绪

三、判断题

1. 客服人员在与客户对话的过程中，要分析客户的购买动机，以便采取适当的销售策略。 （　　　）

2. 不需要物流运输的宝贝，卖家操作发货时，应选择的物流运送方式是"无需物流"。 （　　　）

3. 售后维权消费者可以取消，取消后就不可以再申请了。 （　　　）

4. 当卖家已发货，也填写了正确的物流运输单号，买卖双方都可以通过此单号查询到物流并跟踪信息。 （　　　）

四、简答题

1. 以服装行业为例，买家咨询购买后不喜欢怎么办？退货流程是怎样的？

2. 作为客服，工作中有哪些忌讳？请例举出 5 个。

——— 课中实训 ———

任务一　注释客服数据表格

【任务描述】

小李在一家淘宝服装店当客服，刚毕业的他对工作热情，一开始收到的反馈都很好，但是工作一段时间后，小李发现自己没有很大的进步，小李很郁闷，明明自己对工作已经很认真负责了，却没有得到应有的回报。小李询问了自己的主管，主管告诉他，光有热情是不够的，还需要学会对客服数据进行分析，有针对性地去解决问题。

本任务将以客服数据为重点，结合所学知识，认识客服数据的含义，并对客服数据表格进行注释。

【任务目标】

学生能够认知客服数据的含义，并对客服数据表格进行注释。

【任务需求】

1. PC 端信息设备/手机端设备；

2. 百度：https://www.baidu.com/。

【任务实施】

1. 客服数据的含义

步骤：打开任意搜索引擎，搜索"客服数据的含义"，综合分析搜索出来的内容，进行分小组讨论（2~3 人），将答案填在表 7-2 中。

表 7-2　客服数据的含义

客服数据的含义

2. 注释客服数据表格

步骤：根据图7-2所示的客服日常报表，进行分析并注释。该日常数据成绩分为三个档次：不合格60分以下，合格60分到80分，优秀80分以上。将你认为应得的成绩填在表7-3中。

××店铺客服日常报表

日期	接待人数	询单人数	当日付款人数	询单转化率	客单价	销售额	旺旺响应时间
5月4日	107	61	41	67.20%	99	4045	29

图7-2　客服日常报表

表7-3　注释客服数据

项目	接待人数	询单人数	当日付款人数	询单转化率	客单价	销售额	旺旺响应时间
得分							

任务二　客服绩效考核表的设计与制作

【任务描述】

客服绩效考核表可以公正、有效地评价客服人员的工作业绩、工作能力和工作态度，及时纠正偏差，改进工作方法，激励争先创优，优化客服队伍，全面提高客服质量和公司效益。现在，公司需要你制作一份客服绩效考核表来提升团队的质量。

本任务的重点是电商客服绩效考核表的设计和制作。

【任务目标】

学生能够自己设计与制作客服绩效考核表。

【任务需求】

1. PC端信息设备/手机端设备；

2. 淘宝网平台：https://www.taobao.com/。

【任务实施】

分析客服绩效考核表的设计并且制作表格

根据之前学到的知识，思考应该从哪几个维度来分析客服绩效考核以及如何设计制作一个符合标准的表格。

任务三　客服绩效数据分析

【任务描述】

一名合格的客服主管最重要的工作是提升客服团队的业务能力。提升团队整体的业务能力，需要掌握各种数据、图表，以及团队内部的各种情况，再将绩效考核纳入公司管理过程，在考核中形成员工与公司双向沟通的平台，提高管理效率，促进公司健康发展。作为客服主管，你需要对客服绩效数据进行分析，优化团队内部结构，提升团队整体业务能力。

本任务的重点是对客服绩效数据进行分析。

【任务目标】

学生能够分析客服绩效数据。

【任务需求】

1. PC 端信息设备/手机端设备；

2. 淘宝网平台：https://www.taobao.com/。

【任务实施】

分析客服绩效考核表的询单转化率

在店铺客服的绩效考核表中，最为核心的数值是询单转化率，这也是整个客服绩效考核表中占比最大的一项。如果企业使用了客服绩效软件，那么，企业可以在软件中找到"询单"→"最终付款成功率"得到该数据，虽然客服绩效考核软件已经帮我们计算好了这些数据，但是我们依旧需要了解如何计算数据，这样才能够分析团队的整体情况，从细节处发现问题。那么，作为客服绩效数据中最为核心的询单转化率是如何计算的？

任务四　客服聊天记录质检

【任务描述】

接触过电商行业的人都知道客服在运营中的重要性。客户在进入商品页面后，遇到任何问题的第一反应永远是找客服："怎么领取优惠券""商品详情介绍一下""快递物流出现问题"……客服必须耐心回答相关问题。关于客服态度的问题也曾频频登上热搜榜单，这也间接说明了"客服"对于店铺运营的重要程度。作为一个客服主管，你需要对客服对客户的聊天态度进行质检。

本任务的重点是对客服聊天记录进行质检并分析。

【任务目标】

学生能够找出客服聊天案例中存在的问题并给出正确的解决方案。

【任务需求】

1. PC 端信息设备/手机端设备；

2. 淘宝网平台：https://www.taobao.com/。

【任务实施】

客服聊天记录质检分析

一个专业的客服团队需要不断提升自己的服务质量，这就要求团队客服主管对客服的聊天记录进行质检。现在，你作为客服主管需要对客服的聊天记录进行质检，请回答以下问题，并对其中两个案例进行分析和改进。

客服的聊天记录中，客服的聊天态度可分为哪几大类？

根据图 7-3 和图 7-4 所示的两个案例分别分析案例中的客服聊天态度问题并提出改进措施。

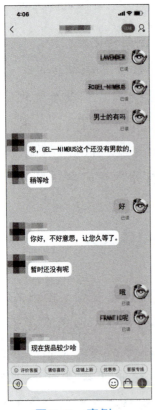

图 7-3　案例一

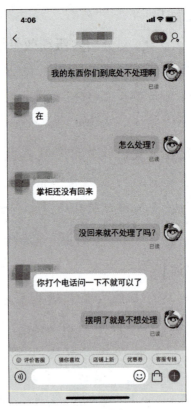

图 7-4　案例二

任务五　客服团队组建与培训

【任务描述】

为了培养一支善于执行与决策的客服团队，很多客服主管绞尽脑汁做了很多尝试，而聪明的管理者会努力做好以下五件事情：确立一个清晰的愿景，以引导团队成员；为团队成员定义各自的职责，并要求他们各司其职；聘用具备合适技能和态度的人，并向他们明确重要的绩效评估标准；给团队成员提供合适的工具、实践机会以及技术，以帮助他们提高执行能力；灌输一种高效的文化，以激励团队成员完成工作并争创优秀。

我们注意到，每个高绩效的客服团队都有一个醒目的特征，那就是有一群敬业和专注的客服成员。这些客服成员能够在服务环节，通过给客户提供合适的体验，与他们建立起长久的信任关系。从这个意义上来说，客服团队成员可以影响产品的质量和成本、营销和口碑。我们始终相信：一支优秀的客服团队是企业获取成功的决定性因素之一。

本任务的重点是组建客服团队的思路和流程。

【任务目标】

学生能够写出组建客服团队的思路和流程。

【任务需求】

1. PC 端信息设备/手机端设备；

2. 淘宝网平台：https://www.taobao.com/。

【任务实施】

电子商务企业如果没有一支高效运作的客服团队作为支持，没有一个出色的服务职能部门作为支撑，就不可能有好的成绩，所以企业必须组建一支高效的客服服务团队。

步骤1：请把客服团队组建流程图（见图7-5）中空白的地方填写完整。

步骤2：一个新的团队培训离不开三个要素：心理建设、岗位培训和技能培训。请从这三个要素对团队培训进行分析。

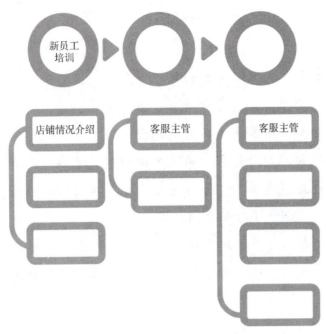

图 7-5　客服团队组建流程

 心得体会

项目评价

学生自评表

技能评价				
序号	技能点	达标要求	学生自评	
			达标	未达标
1	注释客服数据表格	(1) 能够说出客服数据的作用； (2) 能够对客服数据表进行注释		
2	设计客服绩效表格	能够独立设计客服绩效表		
3	分析绩效数据	能够对绩效数据进行分析		
4	在聊天记录中找出错误的话术	(1) 能够判断话术是否错误； (2) 能够分析话术错误的原因		
5	进行客服团队的组建	(1) 能够说出组建团队的重要性； (2) 能够写出组建团队的流程		
素质评价				
序号	素质点	达标要求	学生自评	
			达标	未达标
1	团队成员协商，共同完成实训任务	(1) 具备一定的语言表达能力； (2) 能与小组成员正常沟通交流		
2	团队协作精神	(1) 具有团队意识、合作精神； (2) 能和小组成员共同完成任务		

教师评价表

技能评价				
序号	技能点	达标要求	教师评价	
			达标	未达标
1	注释客服数据表格	（1）能够说出客服数据的含义； （2）能够对客服数据表进行注释		
2	设计客服绩效表格	能够独立设计客服绩效表		
3	分析绩效数据	能够对绩效数据进行分析		
4	在聊天记录中找出错误的话术	（1）能够判断话术是否错误； （2）能够分析话术错误的原因		
5	进行客服团队的组建	（1）能够说出组建团队的重要性 （2）能够写出组建团队的流程		
素质评价				
序号	素质点	达标要求	教师评价	
			达标	未达标
1	团队成员协商，共同完成实训任务	（1）具备一定的语言表达能力； （2）能与小组成员正常沟通交流		
2	团队协作精神	（1）具有团队意识，合作精神； （2）能和小组成员共同完成任务		

课后拓展

客户咨询

顾客：你好，我想咨询点事情。

客服：嗯，你说吧。

顾客：我听说现在有一种硅藻泥的装饰涂料，想问一下你们公司的报价。

客服：硅藻泥啊！这个要看你使用的产品是什么质量，还要看你要做的什么工艺的墙面，按市场价，一等的硅藻泥做普通工艺，一公斤大概能做一平方米，正规店约二百元一平方米，外面施工队约一百六十元一平方米。

顾客：这么贵啊！我还打算一百元左右能做了。

客服：哼！您花一百多元想做硅藻泥的墙面啊，看来您真不懂行情。游击队都不会给你做的。

顾客：我就是不懂才咨询你的，不然要你干什么？

客服：那我告诉你吧，您这点钱在我们这里做不了，你家的预算就是找游击队都不会给你做的。

顾客：你怎么这样服务的啊，你懂不懂尊重顾客？我要投诉你！

[想一想]

案例中客服的做法对不对？正确的做法应该是什么样的？

—————————— *素养提升* ——————————

网站收钱后擅自砍单，消协监督消费者获赔

　　北京市消协曾在 4 天之内先后接到 20 余个投诉，消费者称其在某网站购买金额为 225 元的"小泰克牌百变儿童乐园"，显示付款成功后该网站却拒绝发货。网站给出的原因是库存不足，消费者对此说法并不认可，要求其按承诺发货并赔偿因此产生的费用，但遭到拒绝。

　　消协调查发现，该网站取消订单 116 件，经消协督促，该网站为消费者办理退款，并赠送价值 67.5 元的网购礼券作为补偿。此次投诉共为消费者挽回经济损失 33 930 元。

　　作为电商平台应该严格落实《中华人民共和国电子商务法》，规范市场主体行为，推进电子商务诚信体系建设。

（资料来源：http://credit.hangzhou.gov.cn/art/2017/3/17/
art_1229634563_25697.html）

　　阅读上面案例，思考以下问题。

　　案例中网店的做法给了我们什么警示？

参考文献

［1］白东蕊. 网店客服：理论、案例与实训（微课版）［M］. 北京：人民邮电出版社，2021.

［2］百度文库. 客服与客户的情景对话案例［EB/OL］. https://wenku.baidu.com/view/3a0b7572f31dc281e53a580216fc700abb6852a4.html.

［3］百度文库. 客服考试题目［EB/OL］. https://wenku.baidu.com/view/67ddf0215fbfc77da369b11c.html.

［4］百度文库. 电商客服规则考核试题（附答案）［EB/OL］. https://wenku.baidu.com/view/5a741cdeb90d4a7302768e9951e79b8968026895.

［5］吴元轼. 淘宝网店金牌客服实战［M］. 北京：人民邮电出版社，2015.

［6］豆丁网. 利用数据分析做好客服管理［EB/OL］. https://www.docin.com/touch/detail.do?id=1363165263.

［7］吴军. 鹿人说——电商客服实战技巧精粹［M］. 北京：人民邮电出版社，2022.